A Constitucionalização dos Direitos da Criança e do Adolescente

CB018868

A Constitucionalização dos Direitos da Criança e do Adolescente

2016

Luis Fernando de França Romão

A Contitucionalização dos Direitos da Criança e do Adolescente
© Almedina, 2016

AUTOR: Luis Fernando de França Romão
DIAGRAMAÇÃO: Almedina
DESIGN DE CAPA: FBA
ISBN: 978-858-49-3047-0

Dados Internacionais de Catalogação na Publicação (CIP)
(Câmara Brasileira do Livro, SP, Brasil)

Romão, Luis Fernando de França
A contitucionalização dos direitos da criança
e do adolescente / Luis Fernando de França
Romão. – São Paulo : Almedina, 2016.
Bibliografia.
ISBN 978-85-8493047-0
1. Crianças e adolescentes – Direitos
2. Crianças e adolescentes – Direitos - Brasil
3. Crianças e adolescentes – Leis e legislação –
Brasil 4. Direito constitucional – Brasil
I. Título.

15-05679   CDU-347.157.1(81)(094)

Índices para catálogo sistemático:
1. Direito da criança e do adolescente : Brasil
347.157.1(81)(094)

Este livro segue as regras do novo Acordo Ortográfico da Língua Portuguesa (1990).

Todos os direitos reservados. Nenhuma parte deste livro, protegido por copyright, pode ser reproduzida, armazenada ou transmitida de alguma forma ou por algum meio, seja eletrônico ou mecânico, inclusive fotocópia, gravação ou qualquer sistema de armazenagem de informações, sem a permissão expressa e por escrito da editora.

Janeiro, 2016

EDITORA: Almedina Brasil
Rua José Maria Lisboa, 860, Conj.131 e 132, Jardim Paulista | 01423-001 São Paulo | Brasil
editora@almedina.com.br
www.almedina.com.br

"Com o tempo desaparecerá o divórcio entre os 'menoristas' e os 'estatuístas'. E os seus frutos hão de aparecer".

Caio Mário da Silva Pereira

Este estudo é dedicado aos Juízes da Infância, em especial àqueles aos quais tive o privilégio de conhecer ainda na minha adolescência e que tanto contribuíram para os direitos da infância no Brasil:

Alyrio Cavallieri (*in memoriam*),
Libórni Siqueira,
Siro Darlan,
Eduardo Melo.

AGRADECIMENTOS

Agradeço especialmente ao meu Professor Alessandro Lucciola Molon que, mesmo em meio a uma intensa atividade legislativa na Câmara dos Deputados, acompanhou-me nas reflexões deste livro; minha homenagem por sua firme atuação contramajoritária pela promoção dos direitos da infância e juventude no Parlamento brasileiro, que volta e meia aciona uma agenda conservadora negativa e regressiva de direitos, como é o caso da alteração constitucional para redução da maioridade penal.

Devo frisar que o privilégio de nascer, crescer, estudar e trabalhar em um Brasil com Estado Democrático de Direito e uma Constituição verdadeiramente republicana e humanista se deve aos processos de luta empreendidos por dignos defensores dos direitos humanos. Um dos mais importantes atores nesse processo democrático e de luta por justiça social no País foi – e ainda é – o jurista Dalmo de Abreu Dallari. É uma honra ter no meu singelo estudo sobre os direitos constitucionais da criança e do adolescente um Prefácio subscrito pelo Professor Dalmo, a quem humildemente muito agradeço.

Aos queridos familiares, amigos e professores o meu muito obrigado pelo apoio e contribuição nestas reflexões, vocês foram fundamentais.

Agradeço igualmente ao Grupo Almedina, na pessoa da Carolina Santiago. É uma grande satisfação publicar este estudo pelo selo da tradicional editora dos grandes mestres lusos e que se instala em terras brasileiras prestando uma relevante contribuição para a difusão do conhecimento neste País.

PREFÁCIO

O presente estudo é uma contribuição valiosa para o conhecimento e a compreensão da evolução ocorrida quanto ao reconhecimento da criança como sujeito de direitos e a garantia jurídica desses direitos. Com precisão e objetividade, o autor recuperou e acentuou as concepções anteriores à afirmação da criança como sujeito de direitos e, mais ainda, como titular do direito à prioridade na fixação dos objetivos e das responsabilidades dos titulares do poder social nos planos público e privado.

Como bem demonstra o autor, a criança só foi reconhecida como ser humano integral, sujeito de direitos, a partir da Declaração Universal dos Direitos Humanos, aprovada pela Organização das Nações Unidas em 1948. Quanto ao tratamento anterior da criança nos textos legais, refletindo as concepções absolutamente dominantes, o autor ressaltou com muita propriedade a diferenciação entre as concepções do "menor", que tratavam a criança praticamente como objeto, dando ênfase aos menores de más condições físicas e sociais, e a recente concepção da criança, como ser humano integral e sujeito de direitos. Para isso o autor tomou por base as Constituições brasileiras, desde a de 1824, nas quais estão bem refletidas as concepções anteriores à Declaração Universal. E demonstra que a partir, sobretudo, da publicação da Declaração Universal dos Direitos da Criança, aprovada pela Assembleia Geral das Nações Unidas, com o voto favorável do Brasil, em 20 de Novembro de 1959, ocorreram mudanças substanciais nas concepções teóricas e no tratamento jurídico da temática relativa à criança. Depois disso ocorreram avanços substanciais, multiplicando-se os documentos normativos internacionais tendo por objeto a criança e seus direitos.

Analisando a evolução das concepções e, consequentemente, do tratamento jurídico da criança, o autor registra a passagem da simples preocupação com a criança desassistida e agredida, para o reconhecimento da criança como ser humano, titular de direitos e necessitada de apoio e proteção especiais. A primeira concepção deu margem, no Brasil, à elaboração do "Código de Menores", que estabelecia regras para a punição dos agressores dos menores, os quais eram considerados como integrantes de três agrupamentos: os abandonados, os infratores e os em perigo moral. Bem depois disso evoluiu-se para o reconhecimento da criança, sem qualquer diferenciação, como ser humano sujeito de direitos, tendo, inclusive, o direito a garantias especiais, o que acabou gerando, no Brasil, o Estatuto da Criança e do Adolescente, de 1990.

Neste trabalho está registrada, com riqueza de informações, a intensa mobilização em favor dos direitos da criança ocorrida em plano internacional a partir da década de cinquenta. E isso teve grande reflexo no Brasil, ocorrendo aqui a coincidência da mobilização popular pelo restabelecimento de uma ordem democrática com a criação de movimentos populares em favor dos direitos da criança. Como bem demonstra o autor, isso teve consequências práticas da mais alta relevância, merecendo especial referência o fato, aqui bem evidenciado, de que a Assembleia Nacional Constituinte abriu a possibilidade de apresentação de emendas populares ao projeto de Constituição e a Emenda Popular nº 1, de 1987 propunha, exatamente, um artigo tratando dos direitos da criança, o que resultou, finalmente, na aprovação do artigo 227 da Constituição de 1988. A par disso, o autor analisa o conceito de constitucionalização de direitos, demonstrando que isso ocorreu com os direitos da criança, que foram enfaticamente consagrados na atual Constituição brasileira.

A par de todos esses aspectos de grande relevância, o autor ressaltou também e analisou com clareza e objetividade dois avanços substanciais quanto aos direitos da criança, constitucionalizados no Brasil. Um deles é o que decorre da chamada "doutrina da proteção integral", que se conjuga, na ordem constitucional brasileira, com a garantia de prioridade absoluta. Com efeito, o artigo 227 da Constituição estabelece que são direitos da criança "o direito à vida, à saúde, à alimentação, à educação, ao lazer, à profissionalização, à cultura, à dignidade, ao respeito, à liberdade e à convivência familiar e comunitária". Como se verifica, é apropriada a afirmação de que se consagrou a proteção integral. E no mesmo artigo 227 está disposto que "é dever da família, da sociedade e do Estado assegurar à criança e ao adolescente, com absoluta prioridade", todos esses direitos, tendo plena justificativa a afirmação do autor de que, além da proteção integral, se consagrou também a garantia constitucional de prioridade absoluta.

Por tudo o que foi aqui exposto, pode-se afirmar que o presente trabalho é, efetivamente, uma valiosa contribuição para o conhecimento minucioso e preciso das mais avançadas concepções sobre os direitos da criança, concebida como ser humano integral mas com a necessidade de proteção e apoio integrais, permanentes e prioritários, para sua plena realização. A par disso, aqui se encontram informações minuciosas sobre as garantias e os meios de efetivação desses direitos, podendo-se concluir que, a par de seu valor como contribuição ao conhecimento das noções teóricas, este trabalho será igualmente valioso como roteiro de trabalho para quem se disponha a atuar no plano concreto com o objetivo de que seja efetivamente assegurado à criança e ao adolescente o direito à dignidade e ao respeito.

Dalmo de Abreu Dallari
Professor Emérito da Faculdade de Direito da
Universidade de São Paulo (USP)

SUMÁRIO

Introdução 17

Capítulo 1
O Processo Histórico Brasileiro dos Direitos Infantojuvenis 21
   1.1. Os meninos e a legislação colonial 21
   1.2. O menor e a legislação imperial 30
   1.3. A infância no período republicano 35
      1.3.1. A infância nas Constituições republicanas 36
         1.3.1.1. Constituição de 1891 36
         1.3.1.2. Constituição de 1934 37
         1.3.1.3. Constituição de 1937 39
         1.3.1.4. Constituição de 1946 41
         1.3.1.5. Constituição de 1967 44
      1.3.2. O Direito do Menor 47
         1.3.2.1. O Código do Juiz Mello Mattos 51
         1.3.2.2. Regime militar e o "Código dos Juízes". 55

Capítulo 2
Os Novos Direitos da Criança e do Adolescente 61
   2.1. A criança e a Constituinte 1987-1988 61
   2.2. Artigo 227 72
   2.3. Proteção internacional dos direitos da criança e do adolescente . . 76
   2.4. A proteção integral do Estatuto da Criança e do Adolescente . . . 88
   2.5. Os direitos do jovem 92

Capítulo 3
Constitucionalização e o Direito da Criança e do Adolescente 97
    3.1. Conceituação do fenômeno jurídico 98
    3.2. Concepções de Constituição e Constitucionalização 99
    3.3. Constitucionalização como processo 101
    3.4. Constitucionalização como obra da jurisdição constitucional 106
    3.5. Modelo constitucional inflacionado e a constitucionalização 112
    3.6. Constitucionalização simbólica 114
    3.7. Constitucionalização das políticas públicas 117
    3.8. Constitucionalização e movimentos sociais 119

Conclusão 123

Referências Bibliográficas 125

INTRODUÇÃO

O Direito da Criança e do Adolescente pode ser estudado sob diversos aspectos, como a partir de seus institutos, instituições ou mecanismos de efetivação dos direitos. Contudo, quaisquer que sejam os aspectos analisados, sempre terão como base a norma constitucional do artigo 227 e o Estatuto da Criança e do Adolescente, lei infraconstitucional que especificou e disciplinou os direitos e garantias previstos na Constituição.

É de se ressaltar que o núcleo dos direitos infantojuvenis compreende a concepção de crianças e adolescentes como sujeitos de direitos, em condição peculiar de desenvolvimento, devendo, pois, receberem proteção integral com absoluta prioridade. Além disso, essa concepção traz a noção de dever para a família, a comunidade, a sociedade e o Estado, em corresponsabilidade.

Essa contemporânea concepção do Direito da Criança e do Adolescente é fruto de um longo processo histórico de conquista de direitos, marcado por rupturas e mudanças de paradigmas, notadamente no auge do período da democratização do Estado brasileiro. Devendo-se observar, no entanto, que esse processo histórico de mudança de paradigmas ainda está em curso, gerando, por conseguinte, disputas de interpretações.[1]

Pode-se verificar a ocorrência, no ordenamento jurídico, do fenômeno da constitucionalização do Direito, com caráter ideológico de concretização

---

[1] Observação feita com muita propriedade pelo juiz Eduardo Rezende Melo em introdução de sua obra *Crianças e adolescentes em situação de rua: direitos humanos e justiça*. Uma reflexão crítica sobre a garantia de direitos humanos de crianças e adolescentes em situação de rua e o sistema de justiça no Brasil. São Paulo: Malheiros, 2011, p. 10.

dos direitos fundamentais, e, no mesmo sentido, o Direito da Criança e do Adolescente acompanhou o renascimento do Direito Constitucional desde o contexto da reconstitucionalização do País no final da década de 1980.

É possível identificar, nesse cenário, a ocorrência do processo de constitucionalização dos direitos da criança e do adolescente, baseado na teoria jurídica da proteção integral, vindo a estruturar todo um sistema de garantia de direitos, criando novas institucionalidades – como os Conselhos Tutelares e os Conselhos de Direitos –, e provocando um redesenho institucional em outras estruturas já existentes, sobretudo àquelas ligadas à Administração da Justiça, como o Judiciário, através de seus juizados especializados, o Ministério Público e a Defensoria Pública.

Nesta perspectiva, o presente estudo busca analisar, em três capítulos, esse processo de constitucionalização dos direitos da criança e do adolescente que envolve diversos atores e se manifesta de diferentes formas. Para tanto, como método de trabalho, utiliza-se da análise doutrinária e, quando pertinente, jurisprudencial. Em relação à abordagem metodológica, esta possui, neste estudo, caráter predominantemente dogmático.[2]

No primeiro capítulo será analisado o processo histórico brasileiro dos direitos infantojuvenis, contextualizando a situação da infância nos períodos colonial, imperial e republicano; destacando, igualmente, os principais direitos positivados nos ordenamentos jurídicos de cada período. Revisitar os direitos da infância nos períodos históricos ajudará a compreender muitos problemas e controvérsias em voga nos dias de hoje.

O capítulo segundo tratará dos novos direitos da criança e do adolescente, com ênfase para o período da Assembleia Nacional Constituinte e das mobilizações surgidas em seu contexto e que culminaram na redação do artigo 227. Também se analisará a proteção internacional dos direitos humanos de crianças e adolescentes e a posição do Brasil nesse sentido. Dentro dessa perspectiva será explorada a *proteção integral* preconizada pelo Estatuto da

---

[2] Compreende-se a dogmática neste trabalho nos termos propostos por Tercio Sampaio Ferraz Júnior, no sentido o qual ao se obrigar aos dogmas, parte-se deles, mas dando-lhes sentido; permitindo, assim, certa manipulação, não se exaurindo a análise na afirmação do dogma estabelecido, mas interpretando sua vinculação dentro de um ângulo crítico. Cf. FERRAZ JÚNIOR, Tercio Sampaio. *Introdução ao estudo do direito*: técnica, decisão, dominação. 6 ed. São Paulo: Atlas, 2012, p. 26-28.

Criança e do Adolescente. Serão abordados, ainda, os direitos do jovem, uma vez que o artigo 227 foi emendado em 2010 para incluir o jovem ao lado da criança e do adolescente como titular daqueles direitos, com a garantia da absoluta prioridade.

No terceiro capítulo será analisado o fenômeno da constitucionalização do Direito a partir dos principais autores que tratam do tema, inserindo-se a visão segundo o Direito da Criança e do Adolescente, a fim de comprovar que este Direito Especial acompanhou o processo empreendido pelo Direito Constitucional.

O presente estudo objetiva contribuir com fundamentos para uma teoria dos direitos da criança e do adolescente, notadamente no que se refere aos direitos constitucionais da infância, adolescência e juventude.

CAPÍTULO 1
O PROCESSO HISTÓRICO BRASILEIRO DOS DIREITOS INFANTOJUVENIS

Não é possível compreender toda a importância dos novos direitos das crianças e dos adolescentes, em vigor no Brasil desde a Constituição da República de 1988, sem fazer relação com todo o processo histórico precedente.

Com efeito, confirmando essa assertiva, adverte o jurista Dalmo de Abreu Dallari: "o novo pensamento constitucional não pode ignorar e não ignora a importância da experiência histórica, que muitas vezes inspirou a evolução teórica e está registrada numa rica jurisprudência".[3]

Nesse sentido, a contextualização histórica da infância nos períodos colonial e imperial é fundamental para a compreensão do fenômeno jurídico ocorrido durante a República, notadamente a formação e desenvolvimento da doutrina menorista e a constitucionalização dos direitos infantojuvenis no período pós-Constituição Cidadã.

1.1. Os meninos e a legislação colonial

Foi nos meninos índios que o processo colonizador português encontrou caminho possível para a cristianização. As crianças seriam a *nova cristandade*

---

[3] DALLARI, Dalmo de Abreu. *A Constituição na vida dos povos*: da Idade Média ao Século XXI. 2 ed. São Paulo: Saraiva, 2013, p. 12.

e sua evangelização viabilizaria a conversão dos adultos, além da formação de um clero nativo.[4]

No ano 1548, Tomé de Souza, Governador do Brasil, trouxe consigo o Regimento do Rei de Portugal Dom João III contendo a seguinte previsão em relação à infância que se encontrava em terras brasileiras:

> E, aos meninos, porque neles imprimirá melhor a doutrina, trabalhareis por dar ordem como se façam Cristãos, e que sejam ensinados e tirados da conversação dos gentios; e aos Capitães das outras Capitanias direis, de minha parte, que lhes agradecereis muito ter cada um cuidado de assim o fazer em sua Capitania; e os meninos estarão na povoação dos portugueses, e seu ensino folgaria de se ter a maneira que vos disse.[5]

Pela atenção dispensada aos meninos durante o processo evangelizador colonial é possível verificar a significativa importância da infância para a formação social brasileira, conforme ressalta Gilberto Freyre: "Essa cristianização, repetimos, processou-se através do menino índio, do culumim, de quem foi grande o valor na formação social de um Brasil diverso das colônias portuguesas na África".[6]

---

[4] "Além da formação cristã e educação das crianças da terra, com o objetivo de constituir um povo cristão, a organização de um clero nativo, a partir dos meninos mais habilidosos, mobilizou a Companhia de Jesus no Brasil do século XVI. [...] A lógica do padre Nóbrega era bastante clara: a falta de padres implicava que os jesuítas do Brasil encontrassem outros meios possíveis para efetivar a conversão e manter a Companhia. A alternativa apontada indica a formação de sacerdotes a partir da população nativa, mestiça ou mesmo de portugueses nascidos no Brasil (o domínio da língua era essencial), ensinados desde crianças". CHAMBOULEYRON, Rafael. Jesuítas e as crianças no Brasil quinhentista. In: PRIORE, Mary Del (org.). *História das crianças no Brasil*. 6 ed. São Paulo: Contexto, 2009, p. 70-71.

[5] *Regimento que levou Tomé de Souza governador do Brasil*, Almerim, 17/12/1548. Lisboa, AHU, códice 112, fls. 1-9. Disponível em: <http://lemad.fflch.usp.br/sites/lemad.fflch.usp.br/files/1.3._Regimento_que_levou_Tom__de_Souza_0.pdf> . Acesso em: 26 mai. 2013.

[6] Analisando a formação da família brasileira, o autor salienta: "A melhor atenção do jesuíta no Brasil fixou-se vantajosamente no menino indígena. Vantajosamente sob o ponto de vista, que dominava o padre da S.J., de dissolver no selvagem, o mais breve possível, tudo o que fosse valor nativo em conflito sério com a teologia e com a moral da Igreja. [...] O culumim tornou-se o cúmplice do invasor na obra de tirar à cultura nativa osso por osso, para melhor assimilação da parte mole aos padrões de moral católica e de vida europeia; tornou-se o inimigo dos pais,

Esse período brasileiro foi marcado, igualmente, por violências praticadas contra as crianças, seja pela substituição da mão de obra infantil à adulta[7], seja pela cobiça sexual das meninas a partir dos doze anos de idade[8], ou, ainda, pela alta mortalidade infantil[9], mas, nesse contexto, sobrelevam-se os castigos corporais a que estavam sujeitas:

> A boa educação [...] implicava em castigos físicos e nas tradicionais palmadas. O castigo físico em crianças não era nenhuma novidade no cotidiano colonial. Introduzido, no século XVI, pelos padres jesuítas, para horror dos indígenas que desconheciam o ato de bater em crianças[10], a correção era vista como uma forma de amor. [...] Vícios e

---

dos pajés, dos maracás sagrados, das sociedades secretas. [...] Longe dos padres quererem a destruição da raça indígena: queriam era vê-la aos pés do Senhor, domesticada para Jesus. O que não era possível sem antes quebrar-se na cultura moral dos selvagens a sua vértebra e na material tudo o que estivesse impregnado de crenças e tabus difíceis de assimilar ao sistema católico". FREYRE, Gilberto. *Casa-Grande & Senzala*. Formação da família brasileira sob o regime da economia patriarcal. 51 ed. São Paulo: Global, 2006, p. 218-219.

[7] "Os meninos não eram ainda homens mas eram tratados como se fossem, e ao mesmo tempo eram considerados como pouco mais que animais cuja mão de obra deveria ser explorada enquanto durasse sua vida útil. [...] Em meio ao mundo adulto, o universo infantil não tinha espaço: as crianças eram obrigadas a se adaptar ou perecer". RAMOS, Fábio Pestana. A história trágico-marítima das crianças nas embarcações portuguesas do século XVI. In: PRIORE, Mary Del (org.). Op. cit., p. 48.

[8] Em relação à menina nesse período histórico, analisa Gilberto Freyre: "[...] a esta negou-se tudo que de leve parecesse independência. Até levantar a voz na presença dos mais velhos. Tinha-se horror e castigava-se a beliscão a menina respondona ou saliente; [...] As meninas criadas em ambiente rigorosamente patriarcal, estas viveram sob a mais dura tirania dos pais – depois substituída pela tirania dos maridos". FREYRE, Gilberto. Op. cit., p. 510.

[9] "As causas da mortalidade infantil no Brasil no tempo da escravidão – causas principalmente sociais – fixa-as com admirável nitidez de senso crítico José Maria Teixeira, atribuindo-as principalmente ao sistema econômico da escravidão, isto é, aos costumes sociais dele decorrentes: falta de educação física e moral e intelectual das mães; desproporção na idade dos cônjuges; frequência de nascimentos ilícitos. Devendo acrescentar-se: o regime impróprio da alimentação; o aleitamento por escravas nem sempre em condições higiênicas de criar; a sífilis dos pais ou das amas. [...] Várias foram as doenças que afligiram a criança brasileira no tempo da escravidão". Ibid., p. 450.

[10] Segundo Gilberto Freyre, "pode-se generalizar do menino indígena que crescia livre de castigos corporais e de disciplina paterna ou materna". Ibid., p. 207.

pecados, mesmo cometidos por pequeninos, deveriam ser combatidos com "açoites e castigos".[11]

Segundo análise de Caio Prado Júnior, não se pode desconsiderar que a escravidão foi a característica da sociedade brasileira desse período, uma vez que a "organização econômica, padrões materiais e morais, nada há que a presença do trabalho servil, quando alcança as proporções de que fomos testemunhas, deixe de atingir".[12] Por conseguinte, as crianças negras, filhas de escravas, também foram atingidas pelos males do regime colonizador escravagista, não tendo, porém, a mesma proteção que tiveram os meninos índios pelos religiosos.[13]

O autor de "Formação do Brasil Contemporâneo – Colônia" alerta ainda que "é preciso distinguir nestas funções da escravidão dois setores que têm caracteres e sobretudo consequências distintas: o das atividades propriamente produtivas e as do serviço doméstico"[14], e a historiografia especializada nos traz relatos da situação da criança negra em ambos os setores:

> Dos escravos desembarcados no mercado do Valongo, no Rio de Janeiro do início do século XIX, 4% eram crianças. Destas, apenas um terço sobrevivia com os pais ou sozinhas, pois perder-se de seus genitores era coisa comum. Aos doze anos o valor de mercado dessas crianças já tinha dobrado.[15]

---

[11] PRIORE, Mary Del. O cotidiano da criança livre no Brasil entre a colônia e o império. In: PRIORE, Mary Del (org.). Op. cit., p. 96-97. Relato no mesmo sentido sobre o sistema de controle social e a Justiça das Missões: "As crianças eram punidas por um máximo de quatro ou cinco açoites, de acordo com a idade, aplicados por quem estivesse no controle de sua atividade. As mulheres só podiam ser punidas por um máximo de vinte açoites, sendo a sentença sempre executada por outra mulher para evitar violência nos golpes. As mulheres grávidas estavam isentas de castigo". KERN, Arno. Apud: WOLKMER, Antonio Carlos. *História do Direito no Brasil*. 6 ed. Rio de Janeiro: Forense, 2012, p. 79.
[12] PRADO JR., Caio. *Formação do Brasil contemporâneo*. São Paulo: Companhia das Letras, 2011, p. 285.
[13] "As ordens religiosas, solícitas em defender o índio, foram as primeiras a aceitar, a promover mesmo a escravidão africana, a fim de que os colonos, necessitados de escravos, lhes deixassem livres os movimentos no setor indígena. O negro não teve no Brasil a proteção de ninguém". Ibid., p. 292-293.
[14] Ibid., p. 295.
[15] PRIORE, Mary Del. Apresentação. In: PRIORE, Mary Del (org.). Op. cit., p. 12.

> Em relação aos filhos de escravos, é também a partir dos sete anos que os donos e as autoridades consideraram que eles podiam ser separados dos pais, das mães, melhor dizendo, e vendidos para outros donos, de diferentes lugares. [...] Algumas eram vendidas antes apesar do pequeno interesse que representavam como força de trabalho em áreas de mineração. Essas deveriam interessar apenas às compradoras que nelas viam uma fonte de distração para si próprias ou como um brinquedo que alegrasse seus filhos. [...] As pequenas crianças negras eram consideradas graciosas e serviam de distração para as mulheres brancas que viviam reclusas, em uma vida monótona.[16]

Acerca da legislação incidente sobre essa realidade, houve no Brasil Colônia a recepção/transposição do Direito, sendo assim, operou-se a transferência da legislação portuguesa que neste período estava compilada no Código Filipino ou Ordenações e Leis do Reino de Portugal e cuja aplicação se deu sem qualquer alteração por todo o território colonial:

> Em síntese, o delineamento dos parâmetros constitutivos da legalidade colonial brasileira, que negou e excluiu radicalmente o pluralismo jurídico nativo (justiça comunitária indígena e africana), reproduziria um arcabouço normativo, legitimado pela elite dirigente e por operadores jurisdicionais a serviço dos interesses da Metrópole e que moldou toda uma existência institucional em cima de institutos, legislações, ideias e princípios de tradição centralizadora e formalista.[17]

Com essas peculiaridades foi formado o Direito colonial brasileiro e se estruturou a administração da Justiça. No que toca à infância, deve-se distinguir a jurisdição eclesiástica da jurisdição orfanológica. A primeira, com as

---

[16] SCARANO, Julita. Criança esquecida das Minas Gerais. In: PRIORE, Mary Del (org.). Op. cit., p. 111, 119. Ainda sobre os filhos de escravos, a mesma autora traz relato sobre o pensamento da época de ser vantajoso o casamento entre escravos: "[...] o cabo de esquadra José Joaquim da Rocha, que escrevendo para Dom Rodrigo José de Menezes, governador de Minas Gerais de 1763 a 1768, diz que tendo mulher e filhos, o escravo se ligaria mais estreitamente à família do senhor. Desse modo, a presença de crianças em um determinado lugar afastaria nos cativos a ideia de fugir ou de praticar 'barbaridades'". Ibid., p. 121-122.
[17] WOLKMER, Antonio Carlos. Op. cit., p. 100.

Constituições Primeiras do Arcebispado da Bahia de 1707, trazia a normativa sobre o batismo das crianças, e, à segunda, com as Ordenações do Reino de Portugal, competiam as causas cíveis dos órfãos e expostos, compreendidos os procedimentos correlatos de criação e administração de seus bens.

O batismo era o reconhecimento oficial da criança, de seu nascimento, significando o ingresso na estrutura social. Além disso, a expansão do sacramento do batismo era sinônimo de avanço da cristianização e, dessa forma, sedimentava, ainda que simbolicamente, o projeto colonizador. Como a competência para assuntos de fé era da Igreja, as normas correspondentes ao batismo encontravam-se nas Constituições Primeiras, com previsão do batismo para crianças no prazo de até oito dias depois de nascidas, sob pena de punição àqueles que assim não procedessem.[18] Convém salientar que o batismo era extensível a todas as crianças, no que se incluíam os filhos das escravas.[19]

No que tange a jurisdição cível, as Ordenações do Reino previam na estrutura judiciária, como primeiro grau de jurisdição, os juízes dos órfãos com competência para apreciar questões de interesses de menores, assim como

---

[18] "Como seja muito perigoso dilatar o Baptismo das crianças, com o qual passão do estado da culpa ao da graça, e morrendo sem ele perdem a salvação, mandamos, conformando-nos com o costume universal do nosso Reino, que sejão baptizadas até os oito dias depois de nascidas; e que seu pai, ou mãi, ou quem delas tiver cuidado, as fação baptizar nas pias baptismaes das Parochias, d'onde forem freguezes; e não o cumprindo assim pagaráõ dez tostões para a fabrica da nossa Sé, e Igreja Parochial. E se em outros oito dias seguintes as não fizerem baptizar, pagaráõ a mesma pena em dobro, e o Parocho os evitara dos Officios Divinos, até com effeito ser a criança baptizada; e perseverando em sua negligencia nos dará conta para serem mais gravemente castigados. E do mesmo modo se procederá contra os que no dito tempo não fizerem levar á Igreja a criança, quando por necessidade foi baptizada em casa, para se lhe fazerem os exorcismos, e se lhe porem os Santos Oleos, excepto o caso de legitimo impedimento". VIDE, Sebastião Monteiro da. *Constituições Primeiras do Arcebispado da Bahia*. Brasília: Senado Federal, Conselho Editorial, 2011, p. 14.

[19] Sobre o sacramento do batismo dos filhos de escravos e a escolha dos padrinhos: "Frequentemente, escravas procuravam 'pessoas de consideração para apadrinharem seus filhos, na esperança de que o orgulho das mesmas seria grande demais para permitir que seus afilhados permanecessem em cativeiro'; tal esperança, porém, em geral não se concretizava. Em um estudo sobre alforrias na Bahia entre 1684 e 1745, menos de 1% das manumissões e menos de 2% de todos os casos de alforria obtida por compra resultavam de padrinhos que libertavam seus afilhados". SCHWARTZ, Stuart B. *Segredos internos*: engenhos e escravos na sociedade colonial. São Paulo: Companhia das Letras, 1988, p. 331-332.

CAPÍTULO 1 – O PROCESSO HISTÓRICO BRASILEIRO DOS DIREITOS INFANTOJUVENIS

inventários, tutelas e curatelas.[20] Observa Cândido Mendes de Almeida, em comentários às Ordenações, que a criação desses juízes singulares em terras brasileiras se deu através do Alvará de 2 de maio de 1731[21], no que se vislumbra na figura desses juízes o início de uma magistratura voltada para a infância.

Segundo as Leis do Reino, órfão era aquele filho que não tinha pai, também considerado exposto, condição sobre a qual o mesmo jurista registrou os seguintes comentários:

> Pela antiga legislação erão os Expostos considerados – Órphãos, e terminada sua criação nas respectivas Casas de Caridade, devião ser apresentados aos Juizes de Orphãos para lhes dar Tutor, que devia mandar-lhes ensinar qualquer officio. Sendo difícil esse emprego dos Expostos, podião ser repartidos pelos lavradores, que até aos 12 annos não lhes pagavão soldada, dando-lhes educação, sustento e vestido.[22]

Nesse período histórico, aos expostos das classes abastadas ensinava-se a ler; os negros eram declarados ingênuos e a menoridade cessava aos vinte anos de idade, se provada a capacidade para sustento. A punição criminal dos

---

[20] PAULA, Jônatas Luiz Moreira de. *História do direito processual brasileiro*. Das origens lusas à Escola crítica do Processo. Barueri: Manole, 2002, p. 169 e 217.

[21] "O crescimento da população do Brasil, e suas especiaes circumstancias movêrão o governo da Metropole á crear nas villas, onde houvessem Juizes Ordinarios, Juizes de Orphãos triennaes, consignando-lhes um Regimento que foi promulgado com o Al. de 2 de Maio de 1731". PORTUGAL. *Código Filipino, ou, Ordenações e leis do reino de Portugal*. Recopiladas por mandado d'el-Rey D. Filipe I. Por Cândido Mendes de Almeida. Ed. fac-sim. 1º tomo. Brasília: Senado Federal, Conselho Editorial, 2012, p. 206.

[22] Havia a seguinte Ordenação sobre criação: "[...] se as crianças, que não forem de legitimo matrimonio forem filhos de alguns homens casados, ou de solteiros, primeiro serão constrangidos seus pais, que os criem, e não tendo eles per onde os criar, se criarão á custa das mãis. E não tendo elles nem ellas per onde os criar, sejam requeridos seus parentes, que os mandem criar. E não o querendo fazer, ou sendo filhos de Religiosos, ou de molheres casadas, os mandarão criar á custa dos Hospitaes, ou Albergarias, que houver na cidade, villa ou lugar, se tiver bens ordenados para criação dos engeitados: de modo que as crianças não morram por falta de criação. E não havendo hi taes Hospitaes e Albergarias, se criarão á custa das rendas do Concelho. E não tendo o Concelho rendas, per que se possam criar, os Officiaes da Camera lançarão finta pelas pessoas, que nas fintas e encarregos do Concelho hão de pagar". Ordenação Filipina – Primeiro Livro. Título LXXXVIII, § 11. In: Ibid., p. 210-211.

menores levava em consideração circunstâncias objetivas como as idades de dezessete, vinte e vinte e cinco anos, assim como circunstâncias subjetivas, ficando sempre ao arbítrio dos julgadores a fixação da pena.[23]

Os menores expostos tinham o direito de serem recebidos para se educarem como aprendizes nos Arsenais de Guerra e da Marinha.[24] Chama atenção, igualmente, a possibilidade que havia nas Ordenações do Reino de o juiz lançar pregão ao final das audiências declarando ter órfãos para serem dados por soldada ou por obrigação de casamento. Cabe ressaltar que "soldada" era a paga pela locação de serviços, isto é, os menores órfãos eram alugados a outras pessoas em troca de um soldo estipulado pelos juízes, contudo, embora houvesse previsão, quem deles se servia, através do contrato de soldada, não era obrigado a retribuir aos menores o correspondente soldo, apenas alimentá-los e vesti-los.[25]

> E quando se alguns Orfãos houverem de dar por soldada, ou a pessoas, que se hajam de obrigar de os casar; tanto que forem de idade de sete annos, o Juiz dos Orfãos fará lançar pregão no fim de suas audiencias, em que digam, que tem Orfãos para se darem por soldada, ou por obrigação de casamento, que quem os quizer tomar vá á sua casa, e que lhos dará; não nomeando no pregão que Orfãos são, nem cujos filhos. E não os dará, senão em sua casa a quem por elles mais soldada dér.

---

[23] "Quando algum homem, ou mulher, que passar de vinte annos, commetter qualquer delicto, dar-se-lhe-ha a pena total, que lhe seria dada, se de vinte e cinco annos passasse. E se fôr de idade de dezasete annos até vinte, ficará em arbitrio dos Julgadores dar-lhe a pena total, ou diminuir-lha. E em este caso olhará o Julgador o modo, com que o delicto foi commettido, e as circumstancias dele, e a pessòa do menor; e se o achar em tanta malicia, que lhe pareça que merece total pena, dar-lhe-ha, postoque seja de morte natural. E parecendo-lhe que a não merece, poder-lhe-ha diminuir, segundo a qualidade, ou simpleza, com que achar, que o delicto foi commettido. E quanto o delinquente fôr menor de dezasete annos cumpridos, postoque o delicto mereça morte natural, em nenhum caso lhe será dada, mas ficará em arbitrio do Julgador dar-lhe outra menor pena. E não sendo o delicto tal, em que caïba pena de morte natural, se guardará a disposição do Direito Commum". Ordenação Filipina – Quinto Livro. Título CXXXV. In: Ibid., p. 1311.
[24] Ordenação Filipina – Primeiro Livro. Título LXXXVIII, § 11. In: Ibid., p. 211.
[25] Cf. AZEVEDO, Gislane Campos. *A tutela e o contrato de soldada*: a reinvenção do trabalho compulsório infantil. Revista História Social. Nº3. Campinas: 1996. Disponível em: <http://www.ifch.unicamp.br/ojs/index.php/rhs/article/view/85/94> . Acesso em: 14 Jan. 2014.

E fará obrigar per scripturas publicas áquelles, a que os dér, que lhes pagarão seus serviços, casamentos, ou soldadas, segundo lhes forem dadas, aos tempos, que se obrigarem pagar, para o que darão fiadores abastantes a o assi cumprirem.[26]

É nesse contexto que surge no Brasil a primeira instituição de assistência à criança abandonada, criada nas Santas Casas de Misericórdia, denominada de sistema de *roda dos expostos*, em alusão ao mecanismo recorrente nos mosteiros e conventos medievais cujos cilindros rotatórios de madeira garantiam o anonimato do expositor e a incomunicabilidade com o interior da instituição.

As Rodas dos Expostos foram criadas, inicialmente, em Salvador em 1726, no Rio de Janeiro em 1738 e em Recife no ano de 1789, ampliando-se no período imperial e chegando à quantidade de treze instituições.[27] Nas cidades onde não havia as Casas de Misericórdia, a assistência aos expostos ficava a cargo das Câmaras, por previsão das Ordenações do Reino. As verbas, todavia, sempre foram insuficientes e/ou não chegavam regularmente ao seu destino. Além disso, o sistema não estava imune a fraudes e desvios:

> O sistema comportou sempre e em todos os lugares fraudes e abusos de toda sorte. Não foi raro o caso de mães levarem seus filhos na roda e logo a seguir oferecerem-se como amas-de-leite do próprio filho, só que agora ganhando para isso. Além disso, dentro da tradição do Direito Romano, toda criança escrava depositada na roda tornava-se livre; no entanto, muitos senhores mandaram suas escravas depositarem seus filhos na roda, depois irem busca-los para serem amamentados

---

[26] Ordenação Filipina – Primeiro Livro. Título LXXXVIII, § 13. In: Ibid., p. 211.
[27] "Encontramos treze rodas de expostos no Brasil: três criadas no século XVIII (Salvador, Rio de Janeiro, Recife), uma no início do Império (São Paulo); todas as demais foram criadas no rastro da Lei dos Municípios que isentava a Câmara da responsabilidade pelos expostos, desde que na cidade houvesse uma Santa Casa de Misericórdia que se incumbisse desses pequenos desamparados. Neste caso estiveram as rodas de expostos das cidades de Porto Alegre, Rio Grande e Pelotas (RS), de Cachoeira (BA), de Olinda (PE); de Campos (RJ), Vitória (ES), Desterro (SC) e Cuiabá (MT). Estas oito últimas tiveram vida curta; na década de 1870 essas pequenas rodas praticamente já haviam deixado de funcionar. Subsistiram apenas as maiores". MARCILIO, Maria Luiza. A roda dos expostos e a criança abandonada na História do Brasil. 1726-1950. In: FREITAS, Marcos Cezar de (org.). *História social da infância no Brasil*. 8 ed. São Paulo: Cortez, 2011, p. 66.

com estipêndio e, finda a criação paga, continuarem com as crianças como escravas. Havia muitas vezes a conivência de pessoas de dentro da instituição. Frequentemente ainda era a ama-de-leite não declarar a morte de uma criança à Santa Casa e continuar por algum tempo recebendo o seu salário de ama, como se o bebê estivesse vivo.[28]

Como ressalta a historiadora Maria Luiza Marcilio, essas instituições criadas na Colônia multiplicaram-se no Império e se mantiveram durante a República, extinguindo-se, definitivamente, somente na década de 1950, com o apoio dos juristas[29], inobstante haver disposição expressa pela sua exclusão já no ano de 1926, através do artigo 15 do Decreto nº 5.083 que prescrevia: "A admissão dos expostos à assistência se fará por consignação direta, excluído o sistema das rodas".

1.2. O menor e a legislação imperial

A Constituição Política do Império do Brasil, de 25 de março de 1824, "foi a que por mais tempo permaneceu em vigência. Não necessariamente pelas suas qualidades, mas pelas características do regime imperial".[30]

Analisa Octaciano Nogueira[31] a inspiração dos princípios do constitucionalismo inglês transplantados para a Carta de 1824, uma vez que apenas o que dizia respeito aos poderes do Estado e aos direitos e garantias individuais é que seria constitucional e, dessa maneira, a Constituição de 1824, tendo

---

[28] Ibid., p. 75.
[29] "Os esforços para extinguir as rodas no país tiveram a adesão dos juristas, que começavam a pensar em novas leis para proteger a criança abandonada e para corrigir a questão social que começava a perturbar a sociedade: a da adolescência infratora. [...] O movimento contra as rodas de expostos, mais fraco no Brasil do que na Europa, não foi suficiente para extingui-las no século XIX. As mais importantes sobreviveram no século XX. A do Rio de Janeiro foi fechada em 1938, a de Porto Alegre em 1940, as de São Paulo e de Salvador sobreviveram até a década de 1950, sendo as últimas do gênero existentes nessa época em todo o mundo ocidental". Ibid., p. 68.
[30] VILLA, Marco Antonio. *A história das Constituições brasileiras*. São Paulo: Leya, 2011, p. 23.
[31] NOGUEIRA, Octaciano. A Constituição de 1824. 3 ed. Brasília: Senado Federal, 2012. In: *Coleção Constituições Brasileiras*. v. 1. Brasília: Senado, 2012, p. 10-11.

sofrido apenas uma emenda (Ato Adicional de 1834), serviu às monarquias de Dom Pedro I e Dom Pedro II.

Convém salientar que no referido texto constitucional não há qualquer referência aos direitos dos menores no título correspondente às garantias dos direitos civis e políticos dos cidadãos brasileiros, havendo alusão à Regência na menoridade do Imperador, que assim o era até os dezoito anos completos.

Importante destacar que durante o período imperial a criança é vista como um pequeno adulto; condição, aliás, que marca a história da infância brasileira, conforme destacado por Mary Del Priore:

> Diferentemente da história da criança feita no estrangeiro, a nossa não se distingue daquela dos adultos. Ela é feita, ao contrário, à sua sombra. [...] Instituições como as escolas, a Igreja, os asilos e as posteriores Febens e Funabens, a legislação ou o próprio sistema econômico, fizeram com que milhares de crianças se transformassem precocemente em gente grande. Mas não só. Foi a voz dos adultos que registrou, ou calou, sobre a existência dos pequenos.[32]

E é na figura do menino-Imperador Dom Pedro II, o "Órfão da Nação", que essa transformação precoce da criança em adulto pode ser facilmente verificada:

> A multidão seguiu então para a Quinta da Boa Vista a fim de buscar o menino imperador e trazê-lo para o paço da cidade. Ainda sob o choque da ausência do pai e da madrasta, ele foi colocado sozinho no banco de trás da carruagem, tendo em sua frente apenas a aia, d. Mariana. De acordo com o testemunho de Debret, o menino chorava muito, aterrorizado com a multidão e o barulho. Na altura da rua do Rosário, alguns manifestantes desatrelaram os cavalos e passaram a puxar a carruagem. A aia abriu a portinhola para mostrar o menino. No paço da cidade, ele foi exibido numa das janelas, ao lado das três irmãs, sustentado em cima de uma cadeira. As aclamações confundiram-se com o troar da artilharia. O grande ruído vinha envolto no

---

[32] PRIORE, Mary Del. Apresentação. In: PRIORE, Mary Del (org.). Op. cit., p. 14.

cheiro e na fumaça da pólvora. Debret, presente a tudo, registrou a cena num desenho. Um te-déum encerrou as celebrações. Acontecimentos tão extraordinários devem ter ficado gravados na memória da criança de cinco anos. O imperador nunca a eles se referiu. É provável, no entanto, que os tenha vivido, como viveu outros da Regência, como um terrível pesadelo.[33]

Por outro lado, sob o aspecto institucional, a Constituição de 1824 se completava por outras leis, dentre as quais se destaca a de 16 de dezembro de 1830 que manda executar o Código Criminal. Se a Constituição não contemplava a infância, ao Estatuto Repressivo coube tal função nos termos seguintes:

> Art. 10. Tambem não se julgarão criminosos:
> 1º – Os menores de quatorze annos.

> Art. 13. Se se provar que os menores de quatorze annos, que tiverem commettido crimes, obraram com discernimento, deverão ser recolhidos ás casas de correção, pelo tempo que ao Juiz parecer, com tanto que o recolhimento não exceda á idade de dezasete annos.

O jurista Tobias Barreto fez uma análise crítica sobre os referidos dispositivos em obra datada de 1884, valendo destacar:

> Os legisladores de quase todos os países têm sempre estabelecido uma época certa, depois da qual, e só depois dela, é que se pode ter lugar a responsabilidade criminal. [...] Em termos técnicos, o Código estabeleceu também, em favor de tais menores, a *presumptio juris et de jure* de sua imaturidade moral. É, porém, para lastimar que [...] o nosso legislador tivesse, no art.13, consagrado a singular teoria do *discernimento*, que pode abrir caminho a muito abuso e dar lugar a mais de um espetáculo doloroso.[34]

---

[33] CARVALHO, José Murilo de. Perfis brasileiros. *D. Pedro II*. 2 ed. São Paulo: Companhia das Letras, 2007, p. 22.
[34] Tobias Barreto prossegue quanto à crítica à teoria do discernimento: "É fácil, pois, compreender que, se o legislador pátrio houvesse haurido com mais cuidado nas fontes romanas,

É verdade que alguns códigos de outros países, posteriores ao nosso Código, taxaram a idade legal abaixo mesmo de catorze anos. Também é certo que com o nosso estão de acordo os códigos da Saxônia, Brunswick, Hamburgo e Zurique. Mas é preciso atender para o estado cultural desses lugares, em relação ao Brasil. A Itália mesma, em cuja última codificação penal aquela idade principia aos nove anos, é talvez *coeteris paribus*, menos censurável do que este vasto país sem gente. Pelo menos me parece que um estado, no qual se obriga a aprender, e onde homens como Casati, Coppino, de Sanctis, têm sido ministros da instrução pública, para promoverem a sua difusão, tem mais direito de exigir de um maior de nove anos uma certa consciência do dever, que o faça recuar da prática do crime, do que o Brasil, com o seu péssimo sistema de ensino, pode exigi-la de qualquer maior de catorze.[35]

No que se refere ao recolhimento às casas de correção dos menores que tenham praticado crimes com discernimento, observa Irene Rizzini ser, de certa forma, surpreendente "pois não estava ainda em voga a discussão sobre a prevalência da educação sobre a punição, o que ocorrerá somente no final do século XIX".[36]

A questão educacional dos menores surge como característica da legislação durante o Império, sendo exemplo o Decreto nº 1.331-A, que aprovou o regulamento para a reforma do ensino primário e secundário do município da Corte. Neste diploma legal vê-se a atenção para os menores pobres, tendo em vista que estava previsto o recolhimento, em casas de asilo, de menores de doze anos que estivessem vagando pelos distritos em situação de mendicidade, assim como obrigava os pais, tutores, curadores ou protetores a darem

---

outros teriam sido os seus preceitos a respeito dos menores, pelo menos no que pertence ao vago *discernimento*, de que trata o art. 13, e que é possível, na falta de restrição legal, ser descoberto pelo juiz até em uma criança de cinco anos!...". BARRETO, Tobias. *Menores e loucos em direito criminal*. Atualizado pelo Dr. Afonso Celso Rezende. Campinas: Romana, 2003, p. 56.
[35] Ibid., p. 46-56.
[36] RIZZINI, Irene. Crianças e menores: do pátrio poder ao pátrio dever. Um histórico da legislação para a infância no Brasil. In: RIZZINI, Irene; PILOTTI, Francisco. *A arte de governar crianças*. A história das políticas sociais, da legislação e da assistência à infância no Brasil. 3 ed. São Paulo: Cortez, 2011, p. 100.

ensino, pelo menos de primeiro grau, aos meninos maiores de sete anos sem impedimento físico ou moral, sob pena de multa.[37]

Em relação às elites, a historiadora Ana Maria Mauad aponta que a educação e a escolha de determinado tipo de instrução aos meninos e às meninas, na verdade, "arbitravam era a forma de acesso da criança ao mundo adulto, definindo-se os papéis sociais do homem e da mulher desde a meninice".[38]

Nos idos de 1870 sobreleva-se no Império brasileiro a questão da abolição da escravidão, cuja primeira medida emancipacionista foi a "libertação do ventre escravo", "contrariando a antiga regra do direito romano, *partus sequitur ventrem*, o projeto declarava livres todos os filhos de escravas que nascessem a partir da promulgação da lei".[39] Destaca José Murilo de Carvalho as condições estabelecidas pela Lei do Ventre Livre, aprovada com os esforços do visconde de Rio Branco:

> O senhor tinha a opção de entregar o ingênuo, isto é, o filho livre de escrava, ao governo quando ele completasse 8 anos, em troca de uma indenização em títulos da dívida pública. Caso preferisse manter o ingênuo sob sua guarda, poderia beneficiar-se de seus serviços até os 21 anos. A lei criou um fundo de emancipação para atender às necessidades da indenização e da educação dos ingênuos e da libertação de escravos e mandava que se fizesse um censo da população cativa. Apesar

---

[37] Decreto nº 1.331-A, de 17 de fevereiro de 1854.
Art. 62. Se em qualquer dos districtos vagarem menores de 12 annos em tal estado de pobreza que, além da falta de roupa decente para frequentarem as escolas, vivão em mendicidade, o Governo os fará recolher a huma das casas de asylo que devem ser creadas para este fim com hum Regulamento especial. [...]
Art. 64. Os paes, tutores, curadores ou protectores que tiverem em sua companhia meninos maiores de 7 annos sem impedimento physico ou moral, e lhes não derem o ensino pelo menos do primeiro gráo, incorrerão na multa de 20$ a 100$, conforme as circumstancias.

[38] "Aos meninos, uma educação voltada para o desenvolvimento de uma postura viril e poderosa, aliada a uma instrução, civil ou militar, que lhe permitisse adquirir conhecimentos amplos e variados, garantindo-lhe o desenvolvimento pleno da capacidade intelectual. [...] Por outro lado, a educação das meninas, padecia de ambiguidade, pois ao mesmo tempo que as circunscrevia no universo doméstico, incentivando-lhes a maternidade e estabelecendo o lar como seu domínio, as habilitava para a vida mundana, fornecendo-lhes elementos para brilhar em sociedade". MAUAD, Ana Maria. A vida das crianças de elite durante o Império. In: PRIORE, Mary Del (org.). Op. cit., p. 155.

[39] CARVALHO, José Murilo de. A vida política. In: CARVALHO, José Murilo de (coord.). *A construção nacional* 1830-1889. v. 2. Rio de Janeiro: Objetiva, 2012, p. 111.

da forte oposição ao projeto, a aplicação da lei foi pacífica, sem aberta resistência dos senhores e sem revoltas dos escravos. Poucos utilizaram a opção de entregar os ingênuos ao governo. Em contraste, aumentaram muito as manumissões voluntárias. Muitos proprietários prefeririam libertar seus escravos a sofrer interferência do governo ou correr o risco de rebeliões. A população escrava sofreu redução substancial.[40]

O autor aponta como consequência das leis de 1850 e 1871 que não entravam nem nasciam mais escravos no Brasil, estando, pois, a escravidão com os dias contados[41], cabendo acrescentar que o próprio Império também estava com o seu fim marcado.

1.3. A infância no período republicano

No período republicano a infância passa a ser um "problema". O crescimento populacional desordenado na "maior cidade e a capital econômica, política e cultural do país, o Rio de Janeiro"[42] traz à atenção os menores abandonados, além dos *pivettes* estarem nas ruas.[43]

Da mesma forma, o aumento da criminalidade também ocorre na cidade de São Paulo, com elevados índices de prisões e crimes cometidos por menores, fazendo com que a infância, antes "a semente do futuro", passasse a ser "alvo de sérias preocupações".[44]

---

[40] Ibid., p. 112-114.
[41] Ibid., p. 114.
[42] Idem. *Os bestializados*: o Rio de Janeiro e a República que não foi. 3 ed. São Paulo: Companhia das Letras, 1987, p. 16.
[43] "Pouco antes da República, o embaixador português anotava: 'Está a cidade do Rio de Janeiro cheia de gatunos e malfeitores de todas as espécies'. Em proposta para regulamentação do serviço doméstico, feita à Intendência Municipal em 1892, Evaristo de Moraes observava que havia na capital 'gente desocupada em grande quantidade, sendo notável o número de menores abandonados'. [...] Eram ladrões, prostitutas, malandros, desertores do Exército, da Marinha e dos navios estrangeiros, ciganos, ambulantes, trapeiros, criados, serventes de repartições públicas, ratoeiros, recebedores de bondes, engraxates, carroceiros, floristas, bicheiros, jogadores, receptadores, pivetes (a palavra já existia)". Ibid., p. 17-18.
[44] "Os criminalistas, diante dos elevados índices de delinquência, buscavam por vezes na infância a origem do problema: 'uma das causas do aumento espantoso da criminalidade nos

A criança, então, é vista como um "magno-problema".[45] Nota-se, na passagem dos períodos imperial ao republicano, a sinalização dos juristas para a necessidade de uma legislação especial[46], o que levará ao predomínio da esfera jurídica como catalisador das ações para a infância[47], gerando, pois, as legislações menoristas, além de uma constitucionalização simbólica nos textos constitucionais republicanos.

1.3.1. A infância nas Constituições republicanas

1.3.1.1. Constituição de 1891

À semelhança com a Constituição de 1824, a republicana de 1891 não contempla a infância no texto constitucional. Na seção da "Declaração de Direitos" não consta qualquer referência aos direitos dos menores, quer seja na redação original de 25 de fevereiro de 1891, quer na Emenda Constitucional datada de 3 de setembro de 1926.

Analisando a referida Constituição republicana a partir da "Declaração de Direitos" prevista no artigo 72, assinala Aliomar Baleeiro que os direitos

---

grandes centros urbanos é a corrupção da infância que, balda de educação e de cuidados por parte da família e da sociedade, é recrutada para as fileiras do exército do mal'". SANTOS, Marco Antonio Cabral dos. Criança e criminalidade no início do século. In: PRIORE, Mary Del (org.). Op. cit., p. 215.

[45] "A infância, por vezes retratada como um 'magno-problema', era uma realidade. A partir daí, a ênfase passou a ser dada a uma legislação que abarcasse o problema como um todo: a infância pobre e desassistida ('moralmente abandonada') e a delinquente". RIZZINI, Irene. Op. cit., p. 120-121.

[46] "Há cerca de um século atrás, na passagem do Império para a República, os juristas começavam a sinalizar a necessidade de se criar uma legislação especial voltada para os menores de idade. Diversos fatores parecem ter contribuído para isso: as transformações da sociedade de então, como a mudança de regime político; a força do movimento internacional de reforma do sistema penal, coincidindo com a promulgação de um novo Código Penal (1890) e a polêmica revisão constitucional de 1891, substituindo-se as leis produzidas em 1830 e 1824, respectivamente. A proposta de se dar um tratamento jurídico diferenciado a crianças e adolescentes aos poucos foi sendo incorporada à legislação, com repercussões na esfera da ação, sendo o Estado chamado a intervir". Ibid., p. 99.

[47] "Embora predominasse por algum tempo o enfoque de cunho religioso e caritativo na ação de assistência à criança, o Brasil República terá na esfera jurídica o principal catalisador da formulação do problema e da busca de soluções para o mesmo". Ibid., p. 108.

e garantias previstos eram "não muito diversos dos que estavam inscritos na Carta de 1824, nem muito menores dos que figuraram nas Constituições de 1934, 1937, 1946, 1967 e na Emenda nº 1/1969".[48]

1.3.1.2. Constituição de 1934

A Constituição da República dos Estados Unidos do Brasil de 1934 é fruto de um país ainda sob as ideias das Revoluções de 1930 e 1932.[49] Para a elaboração de um anteprojeto do texto constitucional foi criada em maio de 1932, pelo Governo Provisório, a Comissão do Itamaraty, de cujos trabalhos resultaram em um anteprojeto com linhas revolucionárias sob o enfoque das questões sociais, "muitas não aproveitadas na futura Constituição que, apesar de rotulada de progressista, acabou por prender-se aos princípios republicanos tradicionais".[50] Nesse sentido, José Affonso Mendonça de Azevedo destaca um registro em ata da primeira intervenção de João Mangabeira:

> O Sr. João Mangabeira salienta que todas as Constituições modernas têm como orientação acabar com as desigualdades sociais. Se a Constituição brasileira não marchar na mesma direção, deixará de ser revolucionária para se tornar reacionária.[51]

Com tais perspectivas, o anteprojeto previu a proteção ao desenvolvimento igualitário entre filhos legítimos e ilegítimos, criou a faculdade destes filhos empreenderem a investigação da paternidade e da maternidade[52], bem como,

---

[48] BALEEIRO, Aliomar. A Constituição de 1891. 3 ed. Brasília: Senado Federal, 2012. In: *Coleção Constituições Brasileiras*. v. 2. Brasília: Senado, 2012, p. 34.

[49] "As ideias mestras que governaram os espíritos dos homens com influência nos trabalhos constituintes de 1933 eram, de um lado, o binômio da propaganda da Revolução de 1930 – justiça e representação; de outro, a constitucionalização do País, cobrada por uma revolução, a de 1932, derrotada, mas cuja força espiritual iria marcar, de forma indelével, a política nacional". POLETTI, Ronaldo. A Constituição de 1934. 3 ed. Brasília: Senado Federal, 2012. In *Coleção Constituições Brasileiras*. v. 3. Brasília: Senado, 2012, p. 45.

[50] Ibid., p. 17.

[51] MENDONÇA DE AZEVEDO, José Affonso. *Elaborando a Constituição nacional*. Apud: POLETTI, Ronaldo. Op. cit., p. 17.

[52] Art. 109. A proteção das leis quanto ao desenvolvimento físico e espiritual dos filhos ilegítimos não poderá ser diferente da instituída para os legítimos.

ainda no título "Da Família", trazia como incumbência à União, Estados e Municípios, nos termos de lei federal, dentre outros deveres, "fiscalizar o modo por que os pais cumprem os seus deveres para com a prole e cumpri-los subsidiariamente" (artigo 110, alínea *c*).

Ocorre, pois, que as questões sociais não eram consideradas, até então, como materialmente constitucionais. Daí ter-se como novidade marcante, e mesmo revolucionária, um texto com orientação para o social.[53] Os direitos da infância não passavam de questões de família e, portanto, matéria de Direito Civil, logo, infraconstitucional.

Não obstante, o texto constitucional de 1934 manteve "matérias não constitucionais" em sua redação final.[54] Todavia, não houve absorção dos avanços propostos pelo anteprojeto no texto final no que toca aos direitos de crianças e adolescentes.[55]

Observa-se que foi suprimida a incumbência proposta pelo anteprojeto para União, Estados e Municípios fiscalizarem o modo como os pais cumpriam seus deveres para com os filhos e cumpri-lo subsidiariamente. Da mesma forma, não só suprimiu a possibilidade de investigação de paternidade e maternidade aos filhos ilegítimos e, sobretudo, a promoção da igualdade entre filhos, propostos pela Comissão do Itamaraty, como acabou por reforçar, em certa medida, essa distinção de filiação, ao dispor no artigo 147 o seguinte:

Parágrafo único. É facultada aos filhos ilegítimos a investigação da paternidade ou da maternidade.

[53] "Onde, todavia, o anteprojeto anunciava marcantes novidades era na parte social. Trazia, como já referido, matérias até então consideradas não constitucionais (p. ex. funcionários públicos, religião, família, cultura e ensino, ordem econômica e social)". POLETTI, Ronaldo. Op. cit., p. 25.

[54] "A Constituição manteve a linha do anteprojeto no tocante a constitucionalizar matéria não constitucional, e o fez, como reiteradamente temos afirmado, em consonância com o espírito da época e com o exemplo de Weimar e de outros códigos políticos em voga. A motivação dessa infiltração foi, por certo, de cunho social [...] matéria de Direito Civil (família e casamentos) [...] Fruto, ainda, da questão social, havia normas sobre a ordem econômica, garantida a sua liberdade, dentro dos limites da Justiça e as necessidades da vida nacional, 'de modo que possibilite a todos existência digna'". Ibid., p. 35.

[55] "Um dos problemas da Constituição de 1934 foi, sem dúvida, o fato de os constituintes não haverem absorvido bem a proposta, no fundo, bastante revolucionária. A Constituição, ao contrário do anteprojeto, pautou-se por uma desconfiança diante do Executivo. Condicionando tudo ao Legislativo, que daria a última palavra, a Carta de 34, por motivos transversos, preparou o golpe de Estado de 37". Ibid., p. 29.

"o reconhecimento dos filhos naturaes será isento de quaesquer sellos ou emolumentos, e a herança, que lhes caiba, ficará sujeita a impostos eguaes aos que recaiam sobre a dos filhos legitimos".[56]

Convém salientar, pois, que a Constituição de 1934 teve um tempo de vigência muito curto, de apenas três anos e "não foi revista, nem emendada, mas rasgada pelo golpe de 37".[57]

1.3.1.3. Constituição de 1937

A segunda metade da década de 1930 é um período em que o Brasil está sob o impacto conflitivo de ideologias, quando se tem a Ação Integralista Brasileira, com Plínio Salgado, e o Partido Comunista, com Luís Carlos Prestes, e, sobretudo, Getúlio Vargas no comando do País em razão da eleição empreendida pela Assembleia Constituinte de 1934, quando, "à maneira de Deodoro, como este, dissolve a Câmara e o Senado, revoga a Constituição de 1934 e promulga a Carta Constitucional de 10.11.1937".[58] É o período do Estado Novo, também denominado de Estado Nacional, fruto da Revolução de 30.[59]

Essa Constituição brasileira é conhecida e denominada como Polaca, "porque calcada na Constituição polonesa de Pilsudsky, que acabaria entregando a Polônia a Hitler em 1939".[60] São dois textos constitucionais com "proximidades

---

[56] Caio Mário da Silva Pereira destaca tal distinção vigente no direito pátrio à época: "Uma distinção, no entanto, se estabelecia, muito viva, entre a filiação 'legítima' e a filiação 'natural'. A primeira dava origem a uma relação jurídica que é correlata à situação de fato, instituindo-se o vínculo jurídico que liga o filho ao pai e à mãe. Este vínculo defluía do casamento e só se destruía mediante uma atuação jurisdicional contrária. Na filiação extramatrimonial não ocorria a mesma coincidência entre o fato do nascimento e a relação jurídica". PEREIRA, Caio Mário da Silva. *Instituições de direito civil*. v. 5. 19 ed. Rio de Janeiro: Forense, 2011, p. 347.
[57] POLETTI, Ronaldo. Op. cit., p. 41.
[58] SILVA, José Afonso da. *O constitucionalismo brasileiro*: evolução institucional. São Paulo: Malheiros, 2011, p. 70.
[59] "Mas, a Revolução de 30 só se operou, efetivamente, em 10 de novembro de 1937. É então que todo o seu conteúdo se condensa no sistema do Estado e a sua expressão política se sobrepõe aos entraves criados pela velha ordem de coisas, empenhada em deter a marcha triunfante do destino do país". CAMPOS, Francisco. *O Estado Nacional*: sua estrutura, seu conteúdo ideológico. Brasília: Senado Federal, 2001, p. 41.
[60] SILVA, José Afonso da. Op. cit., p. 70.

evidentes", segundo Walter Costa Porto, "a começar pelo modo por que, sem dissimulação, é ressaltada a proeminência do Poder Executivo".[61]

Quanto às normas constitucionais referentes à "Família", constava no texto: educação integral como primeiro dever e direito natural dos pais e colaboração do Estado[62]; igualdade em direitos e deveres dos filhos naturais com os legítimos[63]; previsão expressa da infância e juventude como objetos de cuidados e garantias especiais por parte do Estado, cabendo a este adotar todas as medidas destinadas a assegurar-lhes condições físicas e morais para harmonioso desenvolvimento de suas faculdades.[64] É inegável o avanço proposto para a área infantojuvenil pelo referido texto constitucional.

Entretanto, convém salientar que não houve aplicação regular da Carta de 1937 e, segundo Francisco Campos, esta "não pode invocar em seu favor o teste da experiência. A Constituição não foi posta à prova. [...] É um documento de

---

[61] PORTO, Walter Costa. A Constituição de 1937. 3 ed. Brasília: Senado Federal, 2012. In: *Coleção Constituições Brasileiras*. v. 4. Brasília: Senado, 2012, p. 19.

[62] Art. 125. A educação integral da prole é o primeiro dever e direito natural dos paes. O Estado não será extranho a esse dever, collaborando, de maneira principal ou subsidiária, para facilitar a sua execução ou supprir as deficiencias e lacunas da educação particular.
Art. 129. Á infancia e á juventude, a que faltarem os recursos necessarios á educação em instituições particulares, é dever da Nação, dos Estados e dos Municipios assegurar, pela fundação de instituições publicas de ensino em todos os seus gráos, a possibilidade de receber uma educação adequada ás suas faculdades, aptidões e tendencias vocacionaes.

[63] Art. 126. Aos filhos naturaes, facilitando-lhes o reconhecimento, a lei assegurará igualdade com os legitimos, extensivos áquelles direitos e deveres que em relação a estes incumbem aos paes.
Observa Caio Mário da Silva Pereira o avanço em relação ao reconhecimento dos filhos: "A Carta Constitucional de 10 de novembro de 1937 (art. 126) representou grande avanço no reconhecimento dos direitos dos filhos naturais, concedendo-lhes igualdade de condições com os 'legítimos'. Em consequência, cessou a desigualdade de tratamento, passando a herdar em pé de igualdade com os filhos nascidos do casamento de seu pai". PEREIRA, Caio Mário da Silva. Op. cit., p. 351.

[64] Art. 127. A infancia e a juventude devem ser objecto de cuidados e garantias especiaes por parte do Estado, que tomará todas as medidas destinadas a assegurar-lhes condições physicas e moraes de vida sã e de harmonioso desenvolvimento das suas faculdades. O abandono moral, intellectual ou physico da infancia e da juventude importará falta grave dos responsáveis por sua guarda e educação, e crea ao Estado o dever de prove-las de conforto e dos cuidados indispensaveis á sua preservação physica e moral. Aos paes miseraveis assiste o direito de invocar o auxilio e proteção do Estado para a subsistencia e educação da sua prole.

valor puramente histórico".[65] Conclui de forma categórica José Afonso da Silva ter havido "ditadura pura e simples, com os Poderes Executivo e Legislativo concentrados nas mãos do Presidente da República".[66]

1.3.1.4. Constituição de 1946

Na perspectiva de um rompimento com o ordenamento jurídico do Estado Novo e inauguração de uma nova ordem democrática, a Lei Constitucional nº 13, de 12 de novembro de 1945, dispôs sobre os poderes constituintes do Parlamento que seria eleito em dezembro do mesmo ano. Assim, o Congresso Nacional iniciou os trabalhos de elaboração de um novo texto constitucional sem qualquer projeto anterior ou comissão de notáveis.

O resultado final aproximou-se sobremaneira da Constituição de 1934, pelo que Barbosa Lima Sobrinho frisou:

> Anteriormente, já foi dito que a Constituição de 1946 era tão parecida com a de 1934 que se podia ter a impressão de um decalque. Não houve, aliás, essa ideia, entre os constituintes de 1946, nem seria de supor que predominasse, na fatura de uma carta de direitos, o propósito de uma imitação servil. Nem creio que influísse, para esse resultado, a circunstância de terem participado, da Assembleia de 1946, perto de 30 constituintes de 1934. O que mais que tudo contribuiu, para a aproximação dos textos, foi a coincidência dos fatores políticos, que inspiraram a elaboração constitucional, orientada, nos dois momentos, pelo pensamento de uma reação contra os exageros do presidencialismo da

---

[65] "À atualização das nossas instituições cumpre, porém, não fiquemos demasiadamente aferrados a um documento que não pode invocar em seu favor o teste da experiência. A Constituição não foi posta à prova. Permanece em suspenso desde o dia de sua outorga até o dia de hoje. [...] Ora, não se tendo realizado o plebiscito dentro do prazo estipulado pela própria Constituição, a vigência desta, que antes da realização do plebiscito seria de caráter provisório, só se tornando definitiva mediante a aprovação plebiscitária, tornou-se inexistente. [...] A Constituição de 1937 nunca vigorou. Outorgada, foi imediatamente posta de lado, somente sendo invocada na parte relativa aos poderes conferidos ao chefe do Governo". Entrevista de Francisco Campos ao "Correio da Manhã" do Rio de Janeiro, em 3 de março de 1945. In: PORTO, Walter Costa. Op. cit., p. 31-40.
[66] SILVA, José Afonso da. Op. cit., p. 71.

República Velha, ou contra as tendências ditatoriais, que modelaram a Carta de 1937.[67]

Destaca-se no capítulo referente à "Família" a norma do artigo 164 que trazia obrigatoriedade para a assistência à maternidade, à infância e à adolescência, além da previsão de lei para instituição de amparo às famílias com "prole numerosa".[68] Outro dispositivo constitucional digno de referência é o inciso IX do artigo 157, que restringiu o trabalho a menores[69] e gerou debates no Parlamento, conforme se observa:

> O *Sr. Carlos Prestes* – [...] Quanto, porém, à exceção a critério de juiz, não entende o ilustre orador que é por demais perigosa? A criança representa o futuro da Nação e o Estado precisa ampará-la em todos os sentidos. [...] Vivemos num mundo capitalista. A sociedade está dividida em classes e o juiz pertence forçosamente à classe dominante, não à dos trabalhadores. Essa é a realidade, e aí está o perigo da exceção que V. Exª confia à magistratura.
>
> O *Sr. Daniel de Carvalho* – O nobre Senador Sr. Carlos Prestes acha melhor que a criança, terminado o currículo escolar aos 12 anos, fique vagando pelas ruas, em vez de trabalhar em companhia dos pais? Para as crianças de 12 a 14 anos há trabalhos perfeitamente compatíveis com a sua natureza, como os do campo, os domésticos e os outros. A proibição do trabalho para esses menores dará lugar à formação de verdadeiros malandros. Basta olhar para as ruas do Rio de Janeiro, repleta de crianças vadias. (Protestos.)

---

[67] SOBRINHO, Barbosa Lima. A Constituição de 1946. In: BALEEIRO, Aliomar; SOBRINHO, Barbosa Lima. A Constituição de 1946. 3 ed. Brasília: Senado Federal, 2012. In *Coleção Constituições Brasileiras*. v. 5. Brasília: Senado, 2012, p. 25.

[68] Art. 164. É obrigatória, em todo o território nacional, a assistência à maternidade, à infância e à adolescência. A lei instituirá o amparo das famílias de prole numerosa.

[69] Art. 157. A legislação do trabalho e a da previdência social obedecerão aos seguintes preceitos, além de outros que visem à melhoria da condição dos trabalhadores: [...] IX – proibição de trabalho a menores de quatorze anos; em indústrias insalubres, a mulheres e a menores de dezoito anos; e de trabalho noturno a menores de dezoito anos, respeitadas, em qualquer caso, as condições estabelecidas em lei e as exceções admitidas pelo juiz competente.

O *Sr. Carlos Prestes* – Crianças esfomeadas.

O *Sr. Gurgel do Amaral* – Crianças que precisam de assistência e não de trabalho. Não podemos justificar um erro com outro.

O *Sr. Berto Condé* – Apoiado. O Estado precisa proporcionar amparo a essas crianças.

[...]

O *Sr. Soares Filho* – Ouvi a exposição de V. Exª e prestei bem atenção à redação dada para conciliar o pensamento de várias emendas. Penso, entretanto, que a justificativa de V. Exª, como a do orador que o antecedeu, contraria justamente a ideia que predomina no espírito de todos. O Brasil, como todas as nações civilizadas, está preso a convenções internacionais que proíbem expressamente o trabalho a menores de 14 anos. Na Comissão Constitucional, tive a oportunidade de dizer que casos especiais foram realmente solucionados pelos juízes de menores. Mas não podemos generalizar. O princípio deve ser da proibição de trabalho ao menor de 14 anos consoante os compromissos convencionais internacionalmente assumidos pelo Brasil. Os casos de exceção ao juiz de menores são referentes aos menores abandonados, únicos sobre os quais esse juiz tem jurisdição. Quanto aos demais, a proibição deve ser absoluta. Lamento que V. Exª cite como exceção o trabalho circense, que deve ser totalmente vedado ao menor de 14 anos. Quanto às chamadas vocações em qualquer natureza ou espécie de arte, que não implicam a diminuição da vitalidade física do menor e deformação do seu corpo, esses casos realmente o juiz pode resolver, mas não como generalidade, como se pretende.[70]

---

[70] NOGUEIRA, Octaciano (org.). *Doutrina constitucional brasileira*: Constituição de 1946. t. III. Brasília: Senado Federal, 2006, p. 355-363.

1.3.1.5. Constituição de 1967

O período que antecede a Constituição de 1967 é marcado por conflitos e acaba por gerar uma intervenção militar supostamente para defesa da ordem e da democracia. Setores militares e civis diziam-se ameaçados pela corrupção e pela agitação de sindicalistas e comunistas e buscaram, então, legitimar uma intervenção, que deveria ser "curta e necessária", através de um movimento no ano de 1964 que, entretanto:

> [...] durou mais do que previam seus mentores e fez mais do que combater essas ameaças. Com apoio dos grupos mais conservadores da sociedade, as Forças Armadas assumiram o poder de Estado em nome da segurança e do desenvolvimento, calaram ou eliminaram oposicionistas, suprimiram direitos individuais e deixaram um espaço variável, embora cada vez mais restrito, para a manifestação política da sociedade.[71]

A partir desse movimento, elites civis e militares depuseram o Presidente da República João Goulart e entregaram o poder ao Comando Militar Revolucionário. Com base no Ato Institucional nº 1, de 9 de abril de 1964, modificou-se a Constituição de 1946 quanto à eleição, ao mandato e aos poderes do Presidente da República; conferiu-se aos Comandantes das Forças Armadas o poder de suspender direitos políticos e cassar mandatos legislativos, excluída, ainda, a apreciação judicial de tais atos. Observa José Afonso da Silva quanto aos atos institucionais que tais "eram expedidos pelo Presidente da República sob o fundamento de que ele detinha o poder constituinte que dizia ser intrínseco à Revolução".[72]

Em 1966 a Constituição de 1946, ainda vigente, ao menos formalmente, possuía vinte e uma emendas regulares, além de conviver no ordenamento jurídico com três atos institucionais, não atendendo, dessa forma, aos ideais do

---

[71] ARAÚJO, Caetano Ernesto Pereira de; MACIEL, Eliane Cruxên Barros de Almeida. A Comissão de Alto Nível: história da Emenda Constitucional nº 1, de 1969. In: BRASIL, SENADO FEDERAL. *A Constituição que não foi*: história da Emenda Constitucional nº 1, de 1969. Brasília: Senado Federal, 2002, p. 34-35.
[72] SILVA, José Afonso da. Op. cit., p. 77.

regime vigente, donde se buscou a "institucionalização dos ideais e princípios da 'Revolução'"[73] através de um novo texto constitucional.

Assim, com o Congresso Nacional em recesso, o governo militar aproveita para convocar o Parlamento a discutir, votar e promulgar o projeto de Constituição apresentado pelo Presidente da República, através do Ato Institucional nº 4, de 7 de dezembro de 1966:

> Encaminha, então, um projeto "duro", formulado pelo jurista Carlos Medeiros e Silva. Mas os membros do Congresso, de 12 de dezembro de 1966 a 24 de janeiro de 1967, 44 dias, em articulação com o próprio governo, elaboram e aprovam outro. É muito menos drástico – o original não continha nem os clássicos dispositivos sobre direitos e garantias individuais – e autoritário, apesar de consagrar atos revolucionários e o Executivo como suprapoder.[74]

O texto constitucional de 1967 é um retrocesso quanto ao trabalho de menores, ao reduzir no artigo 158, inciso X, a idade de proibição total de quatorze anos para doze anos.[75] Também houve redução dos direitos constitucionais de crianças e adolescentes com a previsão tímida de um parágrafo no artigo 167 aludindo, tão somente, que lei instituiria a assistência à maternidade, à infância e à adolescência.[76]

"Em maio de 1969, o presidente Costa e Silva dá sinais de pretender retomar a trilha constitucional".[77] Cria, então, uma comissão jurídica de notáveis, coordenada pelo Vice-Presidente Pedro Aleixo, com a tarefa de elaboração de

---

[73] Ibid., p. 79.
[74] COUTO, Ronaldo Costa. *História indiscreta da ditadura e da abertura*: Brasil: 1964-1985. Rio de Janeiro: Editora Record, 1998, p. 80.
[75] Art. 158. A Constituição assegura aos trabalhadores os seguintes direitos, além de outros que, nos têrmos da lei, visem à melhoria de sua condição social: [...] X – proibição de trabalho a menores de doze anos e de trabalho noturno a menores de dezoito anos, em indústrias insalubres a êstes e às mulheres.
[76] Art. 167. A família é constituída pelo casamento e terá direito à proteção dos Podêres Públicos. [...] § 4º A lei instituirá a assistência à maternidade, à infância e à adolescência.
[77] COUTO, Ronaldo Costa. Op. cit., p. 100.

uma nova Constituição, haja vista que "durou pouco a Constituição do Brasil de 1967. As crises não cessaram. E veio o AI-5, de 13.12.1968".[78]

Todavia, os trabalhos da Comissão resultaram na Emenda Constitucional nº 1, de 17 de outubro de 1969[79] que, entretanto, manteve inalterado o conteúdo da norma referente ao trabalho de menores (agora previsto no artigo 165, inciso X[80]) e acrescentou, apenas, que a lei especial a dispor sobre a assistência à maternidade, à infância e à adolescência também versaria "sobre a educação de excepcionais" (artigo 175, § 4º).

O Estado brasileiro desse período é marcado por uma ditadura constitucional[81], pois apesar da Carta Constitucional de 1967 e da Emenda de 1969, a regra no ordenamento jurídico brasileiro à época foi o regime dos atos institucionais, que o constitucionalista José Afonso da Silva classifica como um "estado de exceção permanente", analisando da seguinte forma:

> Tudo se poderia fazer: fechar as Casas Legislativas, cassar mandatos eletivos, demitir funcionários, suspender direitos políticos, aposentar e

---

[78] SILVA, José Afonso da. Op. cit., p. 80.

[79] "Teórica e tecnicamente, não se trata de emenda, mas de nova Constituição. A técnica da emenda só serviu como mecanismo de outorga, uma vez que verdadeiramente se promulgou texto integralmente reformulado a começar pela denominação que se lhe deu – *Constituição da República Federativa do Brasil* –, à qual se acrescentaram mais 24 emendas. Ela é pior que a Constituição de 1967. Malfeita, autoritária, centralizadora, praticamente entregou todos os poderes ao Executivo. Esvaziou o Poder Legislativo. Retirou-lhe as prerrogativas de independência. Manteve os atos institucionais e complementares. Os fundamentos do Golpe de 1964 encontraram nela sua institucionalização mais acabada: anticomunismo exacerbado, conservadorismo à Direita sem contemplação para com os direitos humanos mais elementares, política econômica fundada nas teses monetaristas etc.". Ibid., p. 80.

[80] Art. 165. A Constituição assegura aos trabalhadores os seguintes direitos, além de outros que, nos têrmos da lei, visem à melhoria de sua condição social: [...] X – proibição de trabalho, em indústrias insalubres, a mulheres e menores de dezoito anos, de trabalho noturno a menores de dezoito anos e de qualquer trabalho a menores de doze anos.

[81] Dalmo de Abreu Dallari conceitua a ideia de ditadura constitucional: "Em princípio esta expressão é contraditória. Todavia, como a Constituição nasceu com a mística da limitação do poder e afirmação das liberdades individuais, as ditaduras procuram criar uma aparência de legitimidade, disfarçando o seu verdadeiro caráter, apoiando-se numa Constituição. Mas por sua própria natureza só podem atender aos requisitos formais, faltando ao documento a que dão o nome de Constituição os requisitos materiais que comprovariam sua autenticidade". DALLARI, Dalmo de Abreu. *Elementos de Teoria Geral do Estado*. 32 ed. São Paulo: Saraiva, 2013, p. 200-201.

punir magistrados e militares, e outros. Mas o que ainda era pior é que não havia nada mais que impedisse a expedição de outros atos institucionais com qualquer conteúdo. O regime foi um estado de exceção permanente: pura Ditadura. Só com a vitória das forças democráticas na eleição de 15.1.1985 é que se vislumbrou um clarão, abrindo perspectivas ao povo para mais uma vez, obstinadamente, buscar construir um regime democrático.[82]

1.3.2. O Direito do Menor

No período republicano ocorre o fenômeno da judicialização da infância, com a popularização do termo "menor", servindo, além do uso técnico-jurídico, também "para designar a criança abandonada, desvalida, delinquente, viciosa, entre outras, [e] foi naturalmente incorporado na linguagem, para além do círculo jurídico".[83]

O Direito do Menor foi conceituado e desenvolvido no Brasil por Alyrio Cavallieri que "inventou uma doutrina" por ocasião de uma nova cadeira no bacharelado em Direito da Universidade Gama Filho, no Rio de Janeiro, no ano de 1975.[84] Muito embora a estruturação da referida doutrina para servir de suporte teórico-dogmático à nova disciplina jurídica de tutela dos direitos desse segmento social, identificada sempre com os Códigos de Menores, a prática da legislação menorista já era perceptível desde o início da República,

---

[82] SILVA, José Afonso da. Op. cit., p. 80-81.
[83] RIZZINI, Irene. Op. cit., p. 113.
[84] "Ainda como professor, viria a criar mais tarde uma cadeira nova, abandonando todas as outras: a primeira de Direito do Menor no Brasil, na qual dei a aula inaugural a 20 de agosto de 1975 na Universidade Gama Filho. De lá, ela se espalhou para outras faculdades. Tive até de, com todas minhas deficiências, inventar uma doutrina. Escrevi o primeiro livro publicado no Brasil com o título *Direito do menor*, editado pela Freitas Bastos. Apesar de ser optativa, a matéria teve uma frequência muito grande, devido à atenção que este tema ganhou no nosso dia a dia. Quem não teve um problema com um trombadinha, com um delinquente, com o filho, o sobrinho ou o neto? Daí a facilidade com que, em algumas faculdades, a matéria passou de optativa a obrigatória, assim como se encaixou no elenco das disciplinas do Direito: Direito Penal, Direito Civil, Direito Comercial, Direito Processual, Direito do Trabalho, Direito do Menor. E constará do próximo concurso para juiz do Tribunal fluminense". CAVALLIERI, Alyrio. *Alyrio Cavallieri em depoimento a Cláudio Figueiredo*. Coleção Gente. Rio de Janeiro: Ed. Rio, 2005, p. 55.

quando se tinha na criança um "magno-problema", conforme analisado anteriormente.

A par dos textos constitucionais de 1891 até 1967, desenvolveu-se no ordenamento jurídico infraconstitucional uma legislação especial à infância e foram as normas desses diplomas ordinários e, sobretudo, as decisões dos juízes de menores, que tiveram efeitos práticos, jurídicos em sentido estrito e vinculantes. Foi, de fato, a aplicação da legislação menorista que impactou significativamente na vida de crianças e adolescentes.

Com efeito, o Direito do Menor foi conceituado como "o conjunto de normas jurídicas relativas à definição da situação irregular do menor, seu tratamento e prevenção"[85]; justificada tal conceituação por se tratar de um novo ramo do Direito, cuja autonomia e existência eram até então contestadas[86], buscando traçar limitações precisas quanto ao seu alcance, pois se acreditava que a indefinição legislativa teria levado o Poder Judiciário ao descrédito, no que toca à causa da infância.[87]

O emprego do termo "menor", que no período da Constituinte 1987-1988 e no pós-Constituição Cidadã, como se verá adiante, sofrerá profundas críticas

---

[85] Idem. *Direito do menor*. Rio de Janeiro: Freitas Bastos, 1976, p. 9. Justifica o autor a limitação da conceituação da seguinte forma: "É necessário limitar os alcances do Direito do Menor sob pena de decretar-se sua falência, pela impossibilidade da prestação judicial que ele envolve. Uma desmensurada extensão do conceito do Direito do Menor, com a consequente expressão legislativa que dele deflui, resultará em desmoralização do Poder Judiciário. Veja-se o que aconteceu no Brasil. A reconhecida sensibilidade dos magistrados levou-os, no passado – e há lamentáveis recaídas no presente – a exagerar sua própria competência legal, atirando-se à solução de problemas para os quais não dispunham de recursos. Formou-se, paralelamente, junto ao consenso público, fomentado pelos meios de comunicação, uma ideia errônea de que os juizados de menores substituiriam qualquer atividade estatal no campo da assistência". Ibid., p. 14.

[86] "O Direito do Menor não é um ramo autônomo do Direito por carência de objeto e método próprios, assim como de conceitos e princípios gerais e, ainda, pela ausência de autonomia legislativa e didática". Conclusão aprovada no III Encontro Nacional de Juízes de Menores (Brasília, 1968). Ibid., p. 23.

[87] "Um indefinição no campo legislativo tem levado o Poder Judiciário ao descrédito e outros Poderes à omissão – com graves prejuízos para os menores e agravamento do problema. Apesar de uma árdua e constante doutrinação, ainda é comum ouvirem-se apelos da opinião pública a que o Poder Judiciário tome providências nitidamente pertencentes aos campos da segurança pública e à assistência social. Às vezes, os próprios juízes de menores tomam atitudes que os fazem culpados de uma quase mistificação da opinião pública. O fato é que, após os apelos, ou com eles, vêm as objurgatórias injustas". Ibid., p. 9-10.

e será, inclusive, um dos focos representativos da mudança de paradigmas, é defendido pelo arquiteto do direito menorista brasileiro, como se observa:

> A palavra MENOR contém uma conotação jurídica inegável. No âmago das famílias, no rol social, existem crianças, meninos, garotos, brotinhos. Toda a vez que se faz referência ao menor, está-se referindo ao menor abandonado, menor delinquente, menor vítima, menor de idade, o menor em uma situação irregular. Diz-se "o meu filho, o meu garoto", jamais o "meu menor". E há mais, um certo tom pejorativo está popularmente, socialmente ligado à palavra. Assim, a conotação jurídica não se manifesta somente no campo dos direitos civis; reserva-se a uma pessoa de certa idade, envolvida em uma situação anormal, que chamamos de irregular. Seria cômico um pai de família dirigir-se à esposa pedindo providências: – "Maria, olha o nosso menor maltratando o papagaio". E seria trágico se os juizados se chamassem juizados de crianças ou as delegacias de meninos.[88]

Nota-se que a "situação irregular", elemento nuclear do conceito do Direito do Menor, tem como uma das causas de surgimento a falta de precisão terminológica[89] que ocasionou, naquele período, uma indefinição quanto à atuação e finalidade do Juizado de Menores.[90] Convém salientar ainda que a expressão referida encontrou respaldo na denominação escolhida pelo Instituto Interamericano da Criança, organismo especializado da Organização dos Estados Americanos (OEA), em sua recomendação no ano 1948 para que os Estados americanos adotassem códigos de menores determinando as situações irregulares.[91]

---

[88] Ibid., p.15.
[89] "Consideramos a falta de precisão terminológica uma das causas de o problema do menor não ter sido devidamente enfrentado, e pode-se falar em um jogo-de-empurra administrativo indesmentível". Ibid., p. 35.
[90] "A indefinição ocasiona duas consequências. Vamos repetir: 1 – desmoralização do órgão do Judiciário, pois os pleiteantes à internação de crianças dificilmente são convencidos de que bateram à porta errada; 2 – omissão dos órgãos executivos, da área assistencial, que 'empurraram' os casos de sua competência para os Juizados". Ibid., p. 35-36.
[91] "A expressão 'situação irregular' foi escolhida por nós para abranger os estados que caracterizam o destinatário primário das normas de Direito do Menor. É a denominação escolhida

Alertou Alyrio Cavallieri para a limitação conceitual da expressão "situação irregular" ao âmbito jurídico[92] e, com isso, o Direito do Menor, contendo uma definição doutrinária rígida, seria capaz de influir na legislação, jurisprudência, limitar os juízes e fixar obrigações para os administradores[93], e, igualmente, buscar sua afirmação como ramo autônomo do Direito.

Um dos impactos significativos para o ordenamento jurídico brasileiro, com o Direito do Menor, a partir da situação irregular, foi a distinção que se operou entre a jurisdição do juiz de menores com a do juiz de família, conforme assinala Alyrio Cavallieri com apoio no juiz Cavalcanti Gusmão:

> As medidas defluem da situação irregular, o que, no Brasil, segundo Cavalcânti Gusmão, resultou na separação tradicional da jurisdição de família da de menores. Poder-se-ia dizer que o juiz de família resolve as questões entre os pais, visando ao interesse do menor; o juiz de menores decide sobre o interesse do menor e, se possível, atende ao interesse dos pais ou responsável.[94]

No Direito do Menor a atividade jurisdicional operava através da prevenção e do tratamento, a partir da situação irregular. Para prevenir tal situação, o juiz poderia exercer sua jurisdição indistintamente a todos os menores, contudo, em relação ao tratamento, o juiz só atuaria se constatada a situação irregular que, à época da estruturação dessa doutrina, incidia sobre os abandonados e

---

pelo Instituto Interamericano da Criança que, em seu IX Congresso (1948, Venezuela), recomendou a adoção de normas adequadas a cada país, na formulação de seus códigos de menores; os códigos deveriam determinar as situações irregulares e as disposições tendentes a saná-las". Ibid., p. 27.

[92] "A expressão *irregular* é referida em seu âmbito jurídico, situação que não somente ofende os estados firmes e definitivos da consciência coletiva ou que está em contradição com a ordem moral do povo (Durkheim, Mayer), porque existem situações irregulares em que a moral não é ofendida e mesmo assim o Estado tem que exercer sua tutela protecional. [...] A preferência pela expressão situação irregular levou a uma limitação conceitual com esta sugestão: situação irregular de ordem legal". Ibid., p. 28-29.

[93] "Lutamos, como integrantes do Poder Judiciário e advogados da implantação deste Direito do Menor, por uma definição doutrinária rígida que influirá na legislação, na jurisprudência, limitará as responsabilidades dos executores das leis – os juízes – e fixará as obrigações daqueles que podem arcar com elas: os administradores da coisa pública". Ibid., p. 36.

[94] Ibid., p. 75.

os delinquentes (posteriormente denominados de infratores), quando, então, poderia aplicar medidas conforme a situação verificada (são exemplos de medidas: internação, guarda, guarda mediante soldada, tutela, delegação de pátrio poder, adoção, afastamento do lar, da família, da comunidade).

1.3.2.1. O Código do Juiz Mello Mattos

"O menor, de um ou outro sexo, abandonado, ou delinquente, que tiver menos de 18 anos de idade, será submetido pela autoridade competente às medidas de assistência e proteção contidas neste Código". Este é o artigo 1º do Decreto nº 17.943-A, de 12 de outubro de 1927, que consolidou as leis de assistência e proteção a menores.

Cabe salientar que em diploma legal anterior, o Decreto nº 5.083 de 1º de dezembro de 1926, do Presidente da República Washington Luís, previa no artigo 1º que o governo consolidaria as leis de assistência e proteção aos menores, adotando as medidas necessárias à guarda, tutela, vigilância, educação, preservação e reforma dos abandonados ou delinquentes, dando redação harmônica e adequada a essa consolidação que seria decretada como Código de Menores.

A decretação como "Código" se deu pelo fato das leis fundamentais da República, à época, serem assim denominadas; era o período dos três códigos: o Código Comercial de 1850, o Código Penal de 1890 e o Código Civil de 1916. Logo, com a denominação de "Código", a lei de proteção e assistência aos menores buscava igualar-se às mais importantes leis republicanas[95]; esforço empreendido pelo juiz José Cândido de Albuquerque Mello Mattos, conforme analisa Alyrio Cavallieri:

---

[95] Não consideramos, neste ponto, as Constituições, por acompanharmos o entendimento de Luís Roberto Barroso no que tange a falta de efetividade normativa constitucional no Brasil até a Constituição de 1988: "A doutrina da efetividade consolidou-se no Brasil como um mecanismo eficiente de enfrentamento da insinceridade normativa e de superação da supremacia política exercida fora e acima da Constituição. [...] A preocupação com o cumprimento da Constituição, com a realização prática dos comandos nela contidos, enfim, com a sua *efetividade*, incorporou-se, de modo natural, à vivência jurídica brasileira pós-1988". BARROSO, Luís Roberto. *Curso de direito constitucional contemporâneo*: os conceitos fundamentais e a construção do novo modelo. São Paulo: Saraiva, 2009, p. 218, 224.

> Mello Mattos fez uma lei que não se destinava à comunidade toda, só aos de até 18 anos, abandonados e delinquentes, e a denomina de "Código", colocando-a no mesmo pedestal, digamos assim, dos vetustos e extraordinários diplomas legais que eram os três códigos anteriores.[96]

O Juiz Mello Mattos foi o primeiro juiz de menores do Brasil e da América Latina, tendo sido empossado em 2 de fevereiro de 1924, sendo o autor do Código de Menores de 1927, e com sua atuação preencheu uma lacuna de amparo legislativo e jurisdicional à infância durante os anos 1920. Há de se observar que o juizado de Mello Mattos foi modelo para todo o País, podendo ser classificado como executivo, por priorizar o âmbito assistencial à função jurisdicional propriamente dita:

> Mello Mattos redigiu normas que até se opunham aos chamados princípios gerais que regiam todo o Direito dos adultos. Teve realmente ideias notáveis. Há, por exemplo, um princípio consagrado, o de que um juiz não pode agir sem ser provocado. Em latim se diz *ne procedat iudex ex officio*, quer dizer, o juiz não pode, por iniciativa própria, começar um processo. É preciso que o promotor ou o advogado provoquem a ação do juiz. Prevalece a noção de que o juiz é uma autoridade inerte. Mello Mattos, porém, passou por cima de algo que era uma das bases de toda a Justiça, de um princípio que vem desde os tempos romanos, e fez uma lei que deu poder ao juiz de começar por ele mesmo o processo. Aos olhos dos juízes da época, isso constituiu um verdadeiro escândalo. Mas tinha de ser assim. Uma criança que estivesse sendo maltratada, que estivesse em estado de abandono e miséria, não podia esperar que um advogado ou um promotor requeresse. Assim, o juiz, ao tomar conhecimento do caso, podia ele mesmo começar o processo.[97]

Destaca-se a centralidade da aplicação do direito do menor pelo magistrado, conforme observa Francisco Pereira de Bulhões Carvalho:

---

[96] Idem. *Alyrio Cavallieri em depoimento a Cláudio Figueiredo*, p. 88.
[97] Ibid., p. 69.

CAPÍTULO 1 – O PROCESSO HISTÓRICO BRASILEIRO DOS DIREITOS INFANTOJUVENIS

O juiz de menores surge como aplicador não somente de regras de direito, como também administrativas e sociais, encarregado obrigatoriamente de promover à segurança de todos os menores, quer desvalidos, quer infratores, quer indisciplinados, quer mesmo menores de vida normal. O menor em perigo ou desajustado é submetido à observação dele próprio e do seu meio familiar. Tudo isso conduz a uma revolução no velho direito de família.[98]

O Código Mello Mattos dividiu os menores em dois grupos: abandonados e delinquentes[99], enumerando ainda as situações que assim os caracterizavam.

Convém mencionar que a *doutrina da situação irregular*, formada nos anos de 1970, entendeu pela inconveniência de uma classificação apriorística e casuística dos casos de incidência da situação irregular, por considerar que o "entiquetamento" dos menores a que a legislação se destinava, referindo-se à situação de perigo ou à prática de infração, não correspondia mais ao Direito moderno.[100]

Analisando o Código do Juiz Mello Mattos, Irene Rizzini destaca a impressão segundo a qual, através do referido diploma legal, "procurou-se cobrir um amplo espectro de situações envolvendo a infância e a adolescência", enveredando-se para a área social, ultrapassando, assim, em muito, o âmbito jurídico, refletindo um "protecionismo, que bem poderia significar um cuidado extremo no sentido de garantir que a meta de resolver o problema do menor efetivamente seria bem sucedida".[101]

Em 1943 foi nomeada uma Comissão Revisora do Código pelo Ministro da Justiça Alexandre Marcondes Filho, em razão das alterações no ordenamento jurídico que muitas vezes colidiam com o Código Mello Mattos, como o Código Penal de 1940, a criação do Departamento Nacional da Criança e do Serviço de Assistência a Menores (SAM) em 1941, além do Decreto-Lei nº 3.200 de 19/4/1941, que dispôs sobre a organização e proteção da família.

---

[98] CARVALHO, Francisco Pereira de Bulhões. *Direito do menor*. Rio de Janeiro: Forense, 1977, p. VII-VIII.
[99] Com o Decreto-Lei nº 6.026 de 1943, os "delinquentes" passaram a ser denominados de "infratores".
[100] CAVALLIERI, Alyrio. *Direito do menor*. Rio de Janeiro: Freitas Bastos, 1976, p. 30-31.
[101] RIZZINI, Irene. Op. cit., p. 133-134.

Dos trabalhos dessa Comissão Revisora de 1943 resultou o Decreto-Lei nº 6.026 de 24 de novembro do mesmo ano e dispôs sobre as medidas aplicáveis aos menores de 18 anos pela prática de fatos considerados infrações penais. Logo, não houve qualquer pretensão de produzir um conjunto de normas a substituir o Código Mello Mattos, mas tão somente tratar dos procedimentos a serem observados para aplicação das medidas em razão dos atos infracionais cometidos por menores.

No decorrer das décadas de 1950 a 1970 vários anteprojetos e sugestões foram apresentados para elaboração de um novo Código, visando substituir o elaborado por Mello Mattos.

Um dos anteprojetos que se destaca neste período é o que foi enviado à Câmara dos Deputados em 1956, o Projeto nº 1.000, embora já estivesse pronto desde 1951, que classificava os menores em abandonados, distinguindo a situação de abandono em total, eventual, moral, menores em perigo moral e órfãos desamparados.[102] E, além disso, instituía um Conselho Nacional de Menores que ficaria encarregado de elaborar anteprojeto de lei criando corpo de assistentes sociais destinado a substituir as autoridades policiais nas questões referentes aos menores[103]; também organizava uma Fundação de âmbito nacional destinada a receber donativos para proteção do menor.[104]

O Projeto nº 1.000, de 1956, tramitou na Câmara dos Deputados, recebendo críticas, sugestões de reparo[105], além de gerar debates retóri-

---

[102] CAVALLIERI, Alyrio. Op. cit., p. 43.
[103] Cf. OLIVEIRA, Siro Darlan de; ROMÃO, Luis Fernando de França. *A história da criança por seu conselho de direitos*. Rio de Janeiro: Revan, 2015.
[104] CARVALHO, Francisco Pereira de Bulhões. Op. cit., p. 108-109.
[105] O Deputado Medeiros Neto ofereceu substitutivo em 19/6/1956. Na sessão de 27/6/1956, o Deputado Joaquim Duval apresentou comentários do juiz de menores Moltke Germany da cidade de Pelotas, alegando que "os nossos juízes e curadores de menores fazem o que podem mas reconhecem e proclamam a escassez de recursos materiais e, também, de pessoal especializado para atender tão difíceis e espinhosas funções". Buscou-se, durante os trabalhos legislativos, ouvir as críticas dos magistrados, como se observa da intervenção do Deputado Jaeder Albergaria em 30/10/1956: "A elaboração de uma norma jurídica não há de ter em conta apenas o mundo dos valores ideais, porque terá de atender também à realidade, com suas necessidades, deficiências e aspirações. Daí o valor inestimável da contribuição que há de vir dêsses ilustres magistrados, que se reuniram recentemente na capital sulgrandense". Disponível em: <http://www.camara.gov.br/proposicoesWeb/fichadetramitacao?idProposicao=185747> . Acesso em: 13 Out. 2013.

cos[106] até maio de 1971, quando o então Presidente da República, General Emílio Garrastazu Médici, através da Mensagem nº 146, extinguiu a tramitação desse projeto de Código de Menores, ao retirar a Mensagem anterior do Poder Executivo que tratava da matéria.

1.3.2.2. Regime Militar e o "Código dos Juízes"

Como já referido anteriormente, a criança era um problema social e, por conseguinte, os problemas sociais, segundo alguns setores civis e militares, constituíam uma potencial ameaça ao Estado.

Na década de 1930 é possível verificar que a criança é tida como um elemento a receber atenção do comunismo, segundo conferência proferida pelo juiz Sabóia Lima em 1937: "A criança é um dos elementos mais disputados pelo comunismo para desorganizar a sociedade atual".[107]

A partir de 1964, com o governo militar, o problema do menor passa a ser um problema de segurança nacional. Cria-se neste período a Fundação Nacional do Bem-Estar do Menor (FUNABEM) que se ocupa dos menores abandonados, buscando mantê-los livres de uma suposta "guerra psicológica" do comunismo, evitando, pois, a difusão de um potencial sentimento de revolta dos jovens marginalizados.[108]

Salienta José Afonso da Silva que o princípio da segurança nacional, neste período da República, tornou-se verdadeira norma fundamental do sistema

---

[106] Como o aparte do Deputado Tenório Cavalcanti em 18/6/1957: "O aparte vem a propósito: V. Exa. invocou a necessidade da lei de proteção aos animais, e no momento trata-se de assunto ligado à pessoa humana. Aqui vemos o contraste; enquanto as verbas destinadas à proteção à infância no Brasil não chegam a Cr$ 200.000.000,00 a destinada aos cavalos passa de Cr$ 400.000.000,00". Com efeito, é de se revelar que o referido Deputado era conhecido em sua região como o "Homem da Capa Preta" e apontado como autor de inúmeros crimes contra a vida na sua localidade. Sobre o tema envolvendo chacinas no Estado do Rio de Janeiro e seus envolvidos, cf. MOREIRA, Tânia Maria Salles. *Chacinas e falcatruas*. 2 ed. Rio de Janeiro: Lumen Juris, 2003. Em relação à Chacina da Candelária, cf. OLIVEIRA, Siro Darlan de; ROMÃO, Luis Fernando de França. Op. cit., p. 53-79.
[107] SABÓIA LIMA, A. Apud: RIZZINI, Irene. *A criança e a lei no Brasil*: revisitando a História (1822-2000). 2 ed. Brasília: UNICEF; Rio de Janeiro: USU Ed. Universitária, 2002, p. 46.
[108] RIZZINI, Irene; PILOTTI, Francisco. Op. cit., p. 27.

constitucional então vigente, sobrepairando sobre todas as normas e mesmo sobre toda a realidade política e social.[109]

No que tange à causa da infância, sobressai a Doutrina da Segurança Nacional com a estratégia empreendida pelo órgão federal de assistência social daquele período – a Legião Brasileira de Assistência (LBA) – que desenvolveu uma série de programas destinados à maternidade e à infância, com base no voluntariado, durante o regime militar, destacando-se o Projeto Casulo, expressão da referida Doutrina e implantado no País sob o fundamento de que "investir na criança significaria investir na segurança nacional".[110]

Não obstante, a questão da segurança nacional também atingiu o poder dos juízes de menores, pois, com a repressão empreendida pelo regime, a função protetiva dos juízes ficava reduzida.[111] Alguns magistrados tentaram conservar esta competência jurisdicional, como Alyrio Cavallieri que determinou no Rio de Janeiro, a todas as policias, inclusive as das Forças Armadas, o dever de comunicação imediata de todos os menores apreendidos considerados subversivos:

> Eu havia determinado às autoridades policiais, à polícia comum, que, quando prendessem um menor em flagrante, a prisão me fosse imediatamente comunicada. E então decidiria o destino provisório do menor. Esta ordem judicial valia para toda a polícia na cidade do Rio de Janeiro. É claro que, naqueles anos, os militares também começaram a prender menores considerados subversivos. E, questionado, eu disse

---

[109] SILVA, José Afonso. Op. cit., p. 77.
[110] "[...] este projeto teve condições de ser implantado em larga escala porque se coadunava com e se constituía como uma expressão da DSN [Doutrina da Segurança Nacional] ao: (1) adotar um novo discurso da prevenção; (2) propiciar uma entrada direta e visível do governo federal no nível local, sem passar pelas administrações estaduais; (3) basear-se em pequenos investimentos orçamentários, apesar de ser um programa de massa, adotando a estratégia de participação da comunidade, ajustando-se, pois, ao modelo econômico preconizado pelo Estado de Segurança Nacional". ROSEMBERG, Fúlvia. A LBA, o Projeto Casulo e a Doutrina de Segurança Nacional. In: FREITAS, Marcos Cezar de (org.). Op. cit., p. 151-153.
[111] "Sob a égide da Lei de Segurança Nacional, o poder do Juiz de Menores de proteger os adolescentes pegos pela repressão reduzia-se aos estreitos limites que lhe eram divisados pelos inquéritos policiais *dos quais tomava conhecimento*". BOTELHO, Rosana Ulhôa. *Juízes de menores, conservadorismo e repressão na década de 1960*. Disponível em: < http://www.red.unb.br/index.php/textos/article/view/6044 >. Acesso em: 12 Out. 2013.

que se a determinação valia para a polícia comum, valia também para as autoridades das Forças Armadas em geral. Podem prender, mas comunicação tem que me ser feita imediatamente. Isso foi feito.[112]

A historiadora Rosana Ulhôa Botelho critica a magistratura menorista, pois enquanto adolescentes, estudantes secundaristas, estavam confinados nos porões do regime militar:

> [...] os juízes de menores brasileiros realizavam o seu terceiro encontro nacional dando as costas para os acontecimentos políticos do país e para os jovens nele envolvidos, elegendo, em contrapartida, o tema do *perigo moral* como fonte inspiradora de um novo Código de Menores. [...] Os magistrados da jurisdição de menores estavam muito mais preocupados em atuar na questão da moral e dos bons costumes do que na defesa de estudantes ainda adolescentes em confronto com a repressão política.[113]

Nesse período o Ministro da Justiça Alfredo Buzaid solicitou ao Juiz de Menores do Estado da Guanabara, Cavalcanti de Gusmão, um anteprojeto de Código de Menores, que este levou ao conhecimento dos demais juízes reunidos no III Encontro Nacional, ocorrido em Brasília no ano de 1968. No referido esboço, observava-se a divisão dos menores em três grupos: i) abandonados moral, material e intelectualmente; ii) infratores; iii) em perigo moral.

O Ministro Alfredo Buzaid submeteu o esboço elaborado por Cavalcanti de Gusmão a uma Comissão Revisora da qual fizeram parte o próprio autor do esboço, o presidente da FUNABEM, o juiz Alyrio Cavallieri e um assessor do Ministério, todos sob a supervisão do jurista Moreira Alves, que viria a ser Ministro do Supremo Tribunal Federal. Optou a Comissão por eliminar as denominações de "abandonado" e "infrator" para adotar a descrição do estado sócio-familiar.[114] O trabalho dessa Comissão Revisora foi entregue

---

[112] CAVALLIERI, Alyrio. *Alyrio Cavallieri em depoimento a Cláudio Figueiredo*. Coleção Gente. Rio de Janeiro: Ed. Rio, 2005, p. 83-85.
[113] Ibid., p. 195, 197.
[114] Os menores sujeitos à lei seriam àqueles abaixo dos 18 anos que: a) não tendo pais ou responsáveis ou não sendo por estes assistidos adequadamente, estariam com a saúde, segurança,

ao Ministro da Justiça sob o título de "Lei de Menores", tendo em vista que já havia dois Códigos em discussão no Congresso Nacional, não podendo se discutir um terceiro na mesma legislatura.

Não houve interesse por parte do Governo em dar prosseguimento ao projeto aperfeiçoado pela Comissão Revisora, o que levou o Senador de oposição, Nelson Carneiro, a apresentar ao Senado Federal o Projeto de Lei nº 105, em 10 de setembro de 1974, vindo este a receber um Substitutivo em 15 de agosto de 1975 pelo Senador José Lindoso, que incorporou à sua elaboração a contribuição de juristas paulistas como Arnaldo Malheiros Filho, Djalma Negreiros Penteado, Haroldo Ferreira, José Carlos Dias, José Roberto de Carvalho, Manoel Pereira do Vale e Jessé Torres Pereira Júnior, além de diversas contribuições dos juízes de menores, pelo que depois ficou conhecido como o "Código dos Juízes".[115]

Segundo consta do Parecer relatado pelo Senador José Lindoso, o Substitutivo buscava eliminar o uso das expressões estigmatizantes, tais como *menor exposto, menor transviado, menor abandonado* e *verificação de estado de abandono*, substituídas, ao longo de todo o texto, por *menor carente, menor de conduta anti-social, da verificação da situação de menor carente* e *da apuração da conduta anti-social*.

O Projeto de Lei que instituía o Código de Menores acabou por ser transformado em norma jurídica, com sanção em 10 de outubro de 1979 – Lei nº 6.697 – consagrando a *doutrina da situação irregular* e a Política do Bem-Estar do Menor, construídas com o *Direito do Menor*.[116] Bulhões de Carvalho, sobre

---

moralidade ou educação ameaçadas; b) revelassem grave inadaptação social; c) tivessem praticado ato previsto como crime ou contravenção.
[115] Ibid., p. 93.
[116] Art. 1º Este Código dispõe sobre assistência, proteção e vigilância a menores:
I – até dezoito anos de idade, que se encontrem em situação irregular;
II – entre dezoito e vinte e um anos, nos casos expressos em lei.
Art. 2º Para efeitos deste Código, considera-se em situação irregular o menor:
I – privado de condições essenciais à sua subsistência, saúde e instrução obrigatória, ainda que eventualmente, em razão de:
a) falta, ação ou omissão dos pais ou responsável;
b) manifesta impossibilidade dos pais ou responsável para provê-las;
II – vítima de maus tratos ou castigos imoderados impostos pelos pais ou responsável;
III – em perigo moral, devido a:
a) encontrar-se, de modo habitual, em ambiente contrário aos bons costumes;
b) exploração em atividade contrária aos bons costumes;

o novo Código, assinalou naquela oportunidade: "Tal como foi promulgado, o novo Código de Menores limitou-se a reproduzir, com outras palavras, o velho Código Mello Mattos, com pequenas modificações, muitas delas inconvenientes".[117]

O Código dos Juízes tramitou por cinco anos no Congresso Nacional e vigeu por mais de dez anos, "tendo sido derrubado por um amplo movimento que tinha como horizonte a instituição de direitos e não a defesa de um ramo do Direito".[118]

IV – privado de representação ou assistência legal, pela falta eventual dos pais ou responsável;
V – com desvio de conduta, em virtude de grave inadaptação familiar ou comunitária;
VI – autor de infração penal.
[117] CARVALHO, Francisco Pereira de Bulhões. *Falhas do novo código de menores*. Rio de Janeiro: Forense, 1980, p. 14.
[118] BOTELHO, Rosana Ulhôa. Op. cit., p. 201.

CAPÍTULO 2
OS NOVOS DIREITOS DA CRIANÇA E DO ADOLESCENTE

2.1. A criança e a Constituinte 1987-1988

O processo de constituição dos novos direitos da criança e do adolescente tem início no I Encontro Nacional de Meninos e Meninas de Rua, realizado no ano de 1984 com o objetivo de discutir e sensibilizar a sociedade para a questão das crianças e adolescentes rotulados como "menores abandonados" ou "meninos de rua".[119]

Como resultado desse evento é formado o Movimento Nacional de Meninos e Meninas de Rua, contando, inclusive, com o apoio em 1985 do Fundo das Nações Unidas para a Infância (UNICEF), que o considerou como "uma das mais importantes ONGs na área da infância naquele momento em todo o mundo, e ajudou a chamar a atenção para o drama e a violação dos direitos das crianças e dos adolescentes em situação de rua".[120]

As articulações iniciadas no País na segunda metade da década de 1980, denominadas de *mobilização da cidadania*, já indicavam para uma atuação social preocupada com a elaboração do novo texto constitucional. Nesse contexto, no

---

[119] AMIN, Andréa Rodrigues. Evolução histórica do direito da criança e do adolescente. In: MACIEL, Kátia Regina Ferreira Lobo Andrade (coord.). *Curso de direito da criança e do adolescente*: aspectos teóricos e práticos. 6 ed. São Paulo: Saraiva, 2013, p. 49.
[120] Disponível em: < http://www.unicef.org/brazil/pt/overview_9489.htm >. Acesso em: 28 Out. 2013.

limiar da eleição da Assembleia Nacional Constituinte[121], é formada a Frente Nacional de Defesa dos Direitos da Criança, que se reúne em Brasília, em outubro de 1986, para realização do IV Congresso "O Menor na Realidade Nacional", resultando na redação histórica e oportuna da "Carta à Nação Brasileira", buscando chamar atenção da sociedade para a causa da infância:

> Nós, cidadãos brasileiros, membros da Frente Nacional de Defesa dos Direitos da Criança – provenientes dos mais diversos setores sociais, categorias profissionais e convicções filosóficas, políticas e religiosas –, reunidos em Brasília, de 21 a 25 de outubro de 1986, por ocasião do IV Congresso "O Menor na Realidade Nacional", neste limiar da eleição do Congresso Constituinte, que terá por função reconstruir no plano jurídico a vida democrática nacional,
> Considerando que o maior patrimônio de uma Nação é o seu povo, e o maior patrimônio de um povo são as suas crianças e jovens,
> Proclamamos à consciência da Nação Brasileira como um todo, e dos legisladores constituintes em particular, os seguintes princípios:
> **Primeiro**
> Que a Nova Carta incorpore e consagre os princípios da Declaração Universal dos Direitos da Criança, aprovada pela Assembleia Geral das Nações Unidas, com o voto do Brasil, em 20 de novembro de 1959, assim como estabeleça as garantias de sua plena vigência em nosso País.
> **Segundo**
> Que o direito inalienável da cidadania, em suas dimensões civil, política e social, seja efetivamente ampliado e garantido a todas as crianças e jovens, enquanto credores de compromissos, responsabilidades, deveres e obrigações por parte do Estado e da Sociedade.

---

[121] "O Presidente da República apresentou ao Congresso Nacional um projeto de emenda constitucional, convocando deputados e senadores, a serem eleitos no dia 15.11.1986, para, reunidos unicameralmente, em Assembleia Constituinte, elaborar e promulgar uma nova Constituição para o Brasil". SILVA, José Afonso da. *O constitucionalismo brasileiro*: evolução institucional. São Paulo: Malheiros, 2011, p. 84.

Terceiro
Que o novo modelo de desenvolvimento, a ser adotado e gerido pela Nação, seja centrado na pessoa humana e fundamentado nos princípios de equidade e justiça social, orientando-se no sentido de criar amplas possibilidades de emancipação política e econômica e de promoção social e cultural do conjunto dos cidadãos, e não apenas de alguns segmentos sociais.

Quarto
Que a nova Constituição estabeleça as bases para uma ampla reforma democrática do Estado Brasileiro – nas esferas Federal, Estadual e Municipal –, implicando um profundo reordenamento institucional, com a revisão de concepções, métodos e processos nas relações intra e extragovernamentais, no que diz respeito à garantia dos direitos básicos do cidadão-criança e do cidadão-adolescente.

Quinto
Que os movimentos e entidades da sociedade civil comprometidos com a promoção e a defesa dos direitos básicos da infância e da adolescência sejam formalmente considerados interlocutores válidos, representativos e legítimos nas questões que dizem respeito aos destinatários de sua ação: a criança e o jovem.

Sexto
Que seja consagrado na nova Carta, como direito de todas as crianças e jovens, o acesso às políticas sociais básicas de educação, saúde, alimentação, habitação, transporte, lazer e cultura – e, na idade e em condições convenientes, também de trabalho.

Sétimo
Que sejam destinatários de leis e programas especiais as crianças e os jovens em situações sociais adversas, tanto pessoais (deficiência física ou mental) como sociais (abandono, negligências, infração penal e outras) – assim como os adultos deficientes mentais –, garantindo-se-lhes assim os seus direitos de pessoa humana e de cidadãos, através de programas especiais de assistência e proteção.

Oitavo
Que se consagre, como princípio estruturador das políticas sociais, que o município, ao nível do poder público, e a comunidade local, ao nível da sociedade civil, são as instâncias adequadas de operacionalização

dos programas destinados às crianças e aos jovens. Assim, deve caber à União traçar as grandes diretrizes e estabelecer as prioridades, à unidade federada adequá-las às realidades estaduais e supervisionar sua implementação, e ao município executá-las, com a vigilância e a participação legalmente formalizada das comunidades locais.
Nono
Que, sendo a família, a escola e a comunidade local o espaço vital do desenvolvimento harmônico e pleno da criança e do jovem, a nova Constituição consagre claramente o papel central desses três níveis de organização da vida quotidiana, e determine a criação de condições que lhes possibilitem desempenhar plenamente as suas funções no desenvolvimento pessoal e social da infância e da juventude.

Assim,
Nesta esperançosa véspera de nova Constituição,
Conclamamos:
A. Os futuros legisladores constituintes a corresponderem aos anseios nacionais de resgate pleno da cidadania, nascidos do maior movimento de massas e da maior mobilização patriótica da nossa História, a qual possibilitou a transição pacífica para o regime democrático;
B. E a todos os cidadãos brasileiros a aprofundarem a organização e a mobilização em torno dos ideais de construção de uma Pátria livre, soberana, fraterna e socialmente justa, que assegure a cada criança o direito de ser criança, e a cada jovem o direito e as condições de olhar sem medo para o seu futuro – o futuro da Nação Brasileira.[122]

Nesse contexto político e social estava em curso no Brasil a campanha da Constituinte, uma "revolução sem armas", segundo Paulo Bonavides[123],

---

[122] *Brasil criança urgente*: a lei 8069/90, o que é preciso saber sobre os novos direitos da criança e do adolescente. São Paulo: Columbus, 1990, p. 27-29.
[123] "A campanha da Constituinte, ora em curso, será com o advento da nova Constituição, a última pá de terra sobre um sistema de privação de franquias e liberdades públicas, lesão de direitos humanos e autoritarismo, que imperou nesta nação durante cerca de duas décadas. O povo brasileiro, pelas motivações de seu passado, pela perpetuidade de seus destinos e pelas crenças inabaláveis de sua vocação para a liberdade, sempre combateu e desafiou a injustiça, o privilégio e a desigualdade. É ainda o mesmo povo de Tiradentes, Frei Caneca, Bento

quando, então, é lançada pelo UNICEF a campanha *Criança Constituinte*, com o apelo para que os brasileiros voltassem atenção para legisladores constituintes comprometidos com as causas da infância.[124]

O *lobby* em favor dos direitos da criança e do adolescente foi o maior já surgido na Assembleia Nacional Constituinte[125], como se pode ilustrar com o episódio ocorrido em abril de 1987, quando, em uma ação coordenada pela Comissão Nacional Criança e Constituinte[126], o Congresso recebeu quinhentas e oitenta crianças que, cantando, ocuparam a sessão legislativa e foram ouvidas por deputados:

> Maria Quitéria Mendes era uma das mais atentas lobistas [...] aos 10 anos, cursando a terceira série, ela foi uma das 580 crianças [...] que foram ao Congresso, numa oportunidade surgida a partir da programação estabelecida pela Comissão Nacional Criança e Constituinte [...]. Às 11h as crianças deixaram o Congresso. Satisfeitas, repetiam o canto que haviam entoado em coro logo que a sessão teve início. De autoria do próprio grupo, com o título 'Constituinte, vote em mim', a canção terminava dizendo: 'Basta você se lembrar / Criança em você há / É só em nós pensar'.[127]

Já no início dos trabalhos da Constituinte havia o posicionamento muito claro de que a mera inscrição no texto constitucional dos direitos da criança e do adolescente não seria suficiente para alteração da realidade:

Gonçalves, Joaquim Nabuco, Castro Alves e Rui Barbosa". BONAVIDES, Paulo. *Constituinte e Constituição*: a democracia, o federalismo, a crise contemporânea. Fortaleza: EUFC, 1985, p. 1.

[124] Assinala o UNICEF que dentro do mesmo esforço nasceu o programa "Criança Esperança", criado também no ano de 1986. Disponível em: < http://www.unicef.org/brazil/pt/overview_9489.htm >. Acesso em: 28 Out. 2013.

[125] "O auditório Petrônio Portela do Senado foi palco ontem de situação do maior lobby já surgido na Assembleia Nacional Constituinte". CORREIO BRAZILIENSE. *Constituinte tem lobby de criança*. 1 Abr. 1987. Disponível em: <http://www2.senado.leg.br/bdsf/item/id/115353> Acesso em: 24 Out. 2013.

[126] A Comissão Nacional Criança e Constituinte reuniu representantes de vários Ministérios e entidades da sociedade civil, notadamente a Federação Nacional dos Jornalistas, Ordem dos Advogados do Brasil, Fundo das Nações Unidas para a Infância e Sociedade Brasileira de Pediatria.

[127] CORREIO BRAZILIENSE. *Constituinte tem lobby de criança*. 1 Abr. 1987.

> Vital [Vital Didonet, coordenador da Comissão Nacional Criança e Constituinte], ao finalizar, admitiu que a Constituinte por si só não conseguirá alterar uma realidade pelas leis. "Por isso", defendeu, "precisamos mobilizar as crianças e deixarmos claro que a complementação dos preceitos da Constituinte será feita através das leis ordinárias e de uma fiscalização constante do poder público".[128]

Nesse contexto é apresentada a Emenda Popular nº 1, em 3 de agosto de 1987, que propunha acrescentar na futura Constituição um artigo assim redigido: "Toda criança tem direito à vida, a um nome, a uma família, à educação, à saúde, ao lazer, à moradia, à alimentação, à segurança social e afetiva".[129]

Sob a responsabilidade da Comissão Nacional Criança e Constituinte, a campanha empreendida em defesa dos direitos da infância se estendeu por dez meses em todos os Estados da Federação, colhendo um milhão e duzentas mil assinaturas.

Essa mobilização social em prol dos direitos da criança e do adolescente não só reuniu entidades já dedicadas ao atendimento à infância, mas ampliou e aprofundou o debate sobre a situação de vida e desenvolvimento das crianças e seus direitos na sociedade, gerou mais consciência social sobre a infância e buscou o compromisso político com a causa, tendo nisto logrado êxito, como se observa da justificativa apresentada pelo constituinte Nilson Gibson:

> Na coleta dessas assinaturas houve fatos emocionantes: crianças que ainda não sabiam escrever, mas sabiam de suas necessidades e direitos, queriam marcar a folha com seus dedos coloridos de tinta; crianças que mandavam cartinhas junto com a folha de abaixo-assinado, expressando muito mais do que o texto que encabeçava a folha de assinaturas. Houve jovens e adultos que saíram à rua, às praças, às calçadas para conversar com as pessoas que passavam e envolve-las nessa luta em defesa da criança.

---

[128] Ibid.
[129] Documento com todas as emendas populares da Assembleia Nacional Constituinte: Disponível em: <http://www.camara.gov.br/internet/constituicao20anos/DocumentosAvulsos/vol-258.pdf> Acesso em: 28 Out. 2013, p. 7.

São os brasileiros, Senhor Presidente, que falam por essas folhas. São eles que chegam a Vossa Excelência e à Constituinte. E nós temos o dever de dizer a todos eles que sua confiança aportou na Constituinte. E esta Constituinte saberá ouvir o clamor de todas as crianças e de quem luta por elas: melhores dias virão, maior respeito à dignidade da criança e do adolescente haverá, maior compromisso do Estado e maior cobrança e participação da Sociedade na defesa dos direitos fundamentais dessa criança e desse adolescente.[130]

Outra Emenda Popular igualmente representativa no que tange aos direitos da criança foi apresentada por três entidades ligadas à Igreja Católica – Conferência Nacional dos Bispos do Brasil (CNBB), Associação de Educação Católica do Brasil (AEC/BR) e Cáritas Brasileira –, que, subscrita por quinhentos e quinze mil, oitocentos e vinte eleitores, pretendia incluir no futuro texto constitucional preceitos relativos ao direito à vida, à organização familiar e à proteção da criança:

> Art. – A criança gozará de proteção especial e ser-lhe-ão proporcionadas oportunidades e facilidades, por lei, a fim de lhe facultar o desenvolvimento físico, mental, moral, espiritual e social, de forma sadia e em condições de liberdade e dignidade.[131]

Além da proteção, a situação nacional ensejava que à infância e à juventude fossem dadas prioridade, pois no quadro social à época constatava-se que só no ano de 1986 tinham morrido, por doenças evitáveis, quatrocentas mil crianças de até cinco anos de idade, além de sete milhões viverem nas ruas e praças e oito milhões em idade escolar sem acesso à escola.[132]

---

[130] Trecho da justificativa à Emenda Popular, subscrita pelo Constituinte Nilson Gibson. Disponível em: <http://www.camara.gov.br/internet/constituicao20anos/DocumentosAvulsos/vol-258.pdf> . Acesso em: 28 Out. 2013, p. 7.
[131] Emenda Popular nº 11, datada de 7/8/1987. Disponível em: <http://www.camara.gov.br/internet/constituicao20anos/DocumentosAvulsos/vol-258.pdf> Acesso em: 28 Out. 2013, p. 13-14.
[132] Dados constantes na justificativa apresentada à Emenda Popular nº 96. Disponível em: <http://www.camara.gov.br/internet/constituicao20anos/DocumentosAvulsos/vol-258.pdf> Acesso em 28 Out. 2013, p. 91.

Nesta perspectiva, é apresentada a Emenda Popular *Criança, Prioridade Nacional*[133], subscrita por setenta mil, trezentos e vinte e quatro eleitores, buscando alertar para a gravíssima situação da infância e da juventude, visando contribuir para que a redação da nova Constituição contivesse dispositivos indispensáveis à promoção e defesa dos direitos da criança e do adolescente:

> Chamamos, portanto, os Constituintes para, acima das barreiras doutrinárias, sociais, políticas ou religiosas, apoiarem e votarem

---

[133] A referida emenda incluía, dentre outros, os seguintes dispositivos:
"Art. – Compete à sociedade e ao Estado assegurar à criança e ao adolescente, além da observância dos direitos e garantias individuais da pessoa humana em geral, os seguintes direitos:
I – à vida, à alimentação, à moradia, à saúde, ao lazer e à cultura, à educação, à dignidade, ao respeito e à liberdade;
II – à assistência social, sejam ou não os pais ou responsáveis contribuintes do sistema previdenciário;
III – à proteção especial quando em situação de vulnerabilidade por abandono, orfandade, extravio ou fuga do lar, deficiência física, sensorial ou mental, infração às leis, dependência de drogas, vitimização por abuso ou exploração sexual, crueldade ou degradação, assim como quando forçados por necessidade ao trabalho precoce.
Art. – No atendimento pelo Estado dos direitos assegurados à criança e ao adolescente, caberão à União e às Unidades Federadas os papéis normativo e supletivo, respectivamente, e aos Municípios a execução das políticas e programas específicos, respaldados por conselhos representativos da sociedade civil.
Parágrafo único – A lei determinará o alcance e as formas de participação das comunidades locais na gestão, no controle e na avaliação das políticas e programas de atendimento aos direitos da criança e do adolescente, e de assistência à gestante e à nutriz.
Art. – A criança e o adolescente a quem se atribua a autoria de infração penal terá garantia a instrução contraditória e ampla defesa, com todos os meios e recursos a ela inerentes.
§ 1º – A aplicação à criança e ao adolescente de qualquer medida privativa da liberdade decorrente de infração penal levará em conta os seguintes princípios:
I – excepcionalidade;
II – brevidade;
III – respeito à condição peculiar de pessoa em desenvolvimento.
§ 2º – É estabelecida a inimputabilidade penal até os dezoito anos.
Art. – À criança e ao adolescente dar-se-á prioridade máxima na destinação dos recursos orçamentários federais, estaduais e municipais.
Art. – Leis federais, a serem aprovadas no prazo de dez meses contados da promulgação desta Constituição, disporão sobre o Código Nacional da Criança e do Adolescente, em substituição ao atual Código de Menores, bem como sobre a instituição dos Conselhos Nacional, Estadual e Municipal da Criança e do Adolescente, dos quais deverão participar entidades públicas e privadas comprometidas com a promoção e a defesa dos direitos da criança e do adolescente".

favoravelmente esta Emenda que, se aprovada, terá efeitos altamente positivos nas áreas da sobrevivência, da saúde, da educação, do trabalho, da proteção especial, da dignidade e do desenvolvimento integral da nossa infância e juventude.[134]

Além dessas emendas populares, os direitos da criança e do adolescente também estiveram presentes em emendas oferecidas pelos Constituintes à *VIII-c Subcomissão da Família, do Menor e do Idoso*, em temas como: a necessidade de ratificação e incorporação dos princípios da Declaração Universal dos Direitos da Criança[135]; a contemplação do adolescente no texto constitucional[136]; a fixação da idade limite da inimputabilidade penal[137];

---

[134] Ibid., p. 91.
[135] **Emenda nº 800063-8** do Senador Constituinte Iram Saraiva: "Art. 4º – A criança tem direito à proteção do Estado e da Sociedade, nos termos da Declaração Universal dos Direitos da Criança". **Emenda nº 800597-4** do Constituinte Paulo Macarini: "Art. 4º, parágrafo único – A criança tem direito à proteção do Estado e da Sociedade nos termos da Declaração Universal dos Direitos da Criança". **Emenda nº 800894-9** do Senador Constituinte Mario Maia: "Art. – Fica ratificada a DECLARAÇÃO UNIVERSAL DOS DIREITOS DA CRIANÇA, que passa a ser incorporada à ordem interna", e em justificativa ao artigo, ressaltou: "A Assembleia Geral da ONU adotou, com o voto do Brasil, a Resolução 1386, sobre os direitos da Criança, em 20 de novembro de 1959. Contudo, até agora ela não foi ratificada pelo Congresso Nacional. Urge corrigir esse lapso lamentável". Disponível em: <http://www.camara.gov.br/internet/constituicao20anos/DocumentosAvulsos/vol-201.pdf> . Acesso em: 28 Out. 2013, p. 18, 137 e 188.
[136] **Emenda nº 800036-1** do Deputado Constituinte Florestan Fernandes: "Art. Os adolescentes vivem, em nossa sociedade e na civilização industrial, um período de crise de personalidade e de autoafirmação. Eles devem encontrar na escola, na família e na comunidade condições especiais de proteção a seus direitos econômicos, sociais e culturais, de aprendizagem orientada, de práticas de lazer e desportivas, bem como de respeito, compreensão e tolerância às suas relações de companheirismo", em que justificou: "O adolescente é frequentemente ignorado, como e enquanto tal, na enumeração das garantias constitucionais. A emenda visa suprir tal lacuna". **Emenda nº 800889-2** do Deputado Constituinte Antônio Salim Curiati: "O adolescente, por não ter ainda sua personalidade completamente formada, também deve ser incluído nas disposições que estabelecem proteção do Estado e da Sociedade para as gerações futuras". Ibid., p. 11 e 187.
[137] **Emenda nº 800042-5** do Deputado Constituinte Antônio Salim Curiati: "Art. – Os menores de dezesseis anos são penalmente inimputáveis, ficando sujeitos às normas estabelecidas na legislação específica". Justificou da seguinte forma: "Causa profundos temores o aumento sempre crescente de criminalidade, que gera a insegurança, mormente nas grandes cidades brasileiras, com a multiplicação de assaltos à mão armada, homicídios, sequestros, furtos, estupros e outros tantos delitos graves, que abalam a ordem jurídica. [...] Basta uma leitura

a igualdade entre filhos[138]; a superação da *situação irregular*[139]; a necessidade de uma nova lei especial para a criança[140]; a criação dos Conselhos de

---

de jornais para se constatar que é alarmante a frequência de delinquentes com idade entre dezesseis e dezoito anos e que não são punidos penalmente, de vez que a responsabilidade penal está posta pelo direito possível a partir dos dezoito anos. Entendemos que o homem, a partir dos dezesseis anos deve responder penalmente pelos atos antissociais e crimes que venha a praticar, como está previsto em várias legislações penais do mundo contemporâneo. [...] Com dezesseis anos de idade, já tem o indivíduo suficiente discernimento para que possa distinguir entre o bem e o mal e, se prefere trilhar por este último caminho, deve responder pela sua conduta delituosa e ser alcançado pelas sanções penais. **Emendas nº 800712-8 e nº 800715-2**, das Deputadas Constituintes Anna Maria Rattes e Eunice Michiles com Rita Camata, respectivamente: "Art. 4º, § 5º – A lei garantirá a inimputabilidade penal até 18 (dezoito) anos"; emendas de redações idênticas, apresentando a seguinte justificativa: "Trata-se de questão sobre a qual se trava polêmica no País hoje. Muitos acreditam que os problemas da criminalidade na adolescência diminuiriam se os menores pudessem ser criminalmente imputados; ora, isto significa não tratar das causas de tal desvio e tentar administrar as consequências com resultado trágico. Jogar menores de dezoito anos no sistema penitenciário é transformá-los definitivamente em criminosos e marginais. As condições socioeconômicas da grande maioria da população são as principais responsáveis, embora não únicas, dos desvios que ocorrem em parte da adolescência lançando jovens em práticas delituosas. A diminuição da idade de penalização não resolve, até agravará este problema e representa uma posição farisaica da Sociedade como um todo que marginalizou e condenou milhões de crianças ou adolescentes a uma condição injusta de vida. O que mais importa é dar aos jovens antes dos dezoito anos as oportunidades educacionais e profissionalizantes que lhe tem sido negadas". Ibid., p. 12, 158 e 159.

[138] **Emenda nº 800074-3** da Deputada Constituinte Rita Camata: "Art. 2º, § 1º – Os filhos, nascidos ou não da relação do casamento, têm iguais direitos e qualificações, sendo proibidas quaisquer designações discriminatórias relativas à filiação, e não poderão ser abandonados. O abandono é caracterizado como crime contra o Estado". Ibid., p. 21.

[139] **Emenda nº 800078-6** da Deputada Constituinte Rita Camata: "A expressão 'situação irregular' é muito vaga, podendo servir a interpretações ambíguas, levando crianças não infratoras, mas carentes ou abandonadas, a serem colocadas em regime de confinamento". **Emenda nº 800901-5** do Constituinte Roberto Freire: "Finalmente, não nos parece adequada a denominação dada no anteprojeto de 'crianças e adolescentes em situação irregular'. Não devemos deixar campo aberto para dubiedade, em hipótese alguma". Ibid., p. 21-22 e 189.

[140] **Emenda nº 800158-8** do Constituinte Albérico Filho: "Art. 6º – Lei especial disporá sobre a elaboração de um Código Nacional da Criança e do Adolescente com a fixação dos seus direitos essenciais, respeitando os princípios desde já consagrados nesta Constituição". **Emenda nº 800894-9** do Senador Constituinte Mário Maia, apresentando a seguinte justificativa: "O Código Nacional da Criança imporá a revisão do atual Código do Menor, feito pela ótica predominante da proteção apenas da sociedade contra os 'menores em situação irregular', e não da proteção das crianças e dos adolescentes contra as condições adversas que os vulnerabilizam socialmente". **Emenda nº 800990-2** do Deputado Constituinte Olívio

Direitos[141]; a municipalização do atendimento[142]; e questões sobre adoção.[143]

Por todo esse intenso esforço de mobilização social e *lobby* junto aos constituintes é que foram incorporados na Constituição Cidadã os novos direitos da criança e do adolescente. A campanha *Criança Constituinte* foi bem sucedida e a Assembleia Nacional Constituinte acolheu a criança como prioridade nacional no texto constitucional. Não sem razão, seu Presidente Ulisses Guimarães, em discurso proferido na sessão solene de 5 de outubro de 1988, fez constar haver "representativo e oxigenado sopro de menores carentes atestando a contemporaneidade e autenticidade social do texto que passava a vigorar".[144]

Dutra: "Art. – O atual Código de Menores e da Justiça de Menores deverá ser substituído pelo Código de Defesa do Menor, segundo os dispositivos desta Constituição, consubstanciado em lei, a ser aprovado pelo Congresso Nacional, no prazo de seis meses a partir de sua promulgação". Ibid., p. 42, 188 e 206.

[141] **Emenda nº 800894-9** do Senador Constituinte Mário Maia: "Art. – Fica instituído o Conselho Nacional da Criança e do Adolescente. Parágrafo único – A lei regulará as atribuições e a formação do Conselho, em nível federal, estadual e municipal, assegurando a participação efetiva das instituições de atendimento à criança e ao adolescente, bem como de entidades representativas das comunidades e de defesa dos direitos da criança e do adolescente", justificando nos seguintes termos: "Os Conselhos da Criança e do Adolescente deverão ser órgãos mistos, articulando as autoridades governamentais e pessoas e entidades da sociedade para uma ação conjunta pelo resgate da imensa dívida social que a Nação tem com a maioria das suas crianças e adolescentes". Ibid., p. 188.

[142] **Emenda nº 800890-6** do Senador Constituinte Mário Maia: "A municipalização obrigatória do atendimento às necessidades das crianças e dos adolescentes vulnerabilizados por carência, abandono, violência ou necessidade de trabalho precoce, deficiência etc. é uma reivindicação básica de todos os movimentos de defesa dos direitos da criança e do adolescente. Esses cidadãos em formação não vivem na União ou no Estado, mas sim num município determinado, onde têm referências familiares ou de grupos primários. O desconhecimento dessa realidade, e os demais inconvenientes aqui sabidos das pesadas e custosas burocracias federais e estaduais, geraram a situação de descalabro atual, que cumpre cortar pela raiz". Ibid., p. 187-188.

[143] **Emenda nº 800904-0** do Constituinte Roberto Freire: "Art. 5º – A adoção de menores será estimulada pelo Estado, com assistência jurídica e incentivos fiscais, na forma que a lei estabelecer. Não é permitida a adoção por estrangeiros", em que justificou: "Somos contrários à adoção de menores por parte de estrangeiros, razão pela qual introduzimos estas modificações. Por outro lado, é preciso constar que a adoção deve ser uma só, plena, dela resultando o parentesco, com todos os direitos assegurados". Ibid., p. 190.

[144] "Há, portanto, representativo e oxigenado sopro de gente, de rua, de praça, de favela, de fábrica, de trabalhadores, de cozinheiros, *de menores carentes*, de índios, de posseiros, de empresários, de estudantes, de aposentados, de servidores civis e militares, atestando a

2.2. Artigo 227

> Art. 227. É dever da família, da sociedade e do Estado assegurar à criança e ao adolescente, com absoluta prioridade, o direito à vida, à saúde, à alimentação, à educação, ao lazer, à profissionalização, à cultura, à dignidade, ao respeito, à liberdade e à convivência familiar e comunitária, além de colocá-los a salvo de toda forma de negligência, discriminação, exploração, violência, crueldade e opressão.[145]

O *caput* do artigo 227 da Constituição de 1988 apresenta dois preceitos basilares para os novos direitos da criança e do adolescente estruturantes da *doutrina da proteção integral*, quais sejam: a distribuição de deveres e responsabilidades e a garantia da prioridade absoluta.

Alerta Antonio Carlos Gomes da Costa que o artigo 227, ao tratar dos direitos da criança e do adolescente, inicia falando em dever; assim, os direitos infantojuvenis são deveres da família, da sociedade e do Estado, havendo, pois, uma articulação direito-dever que perpassa, inclusive, todo o corpo do Estatuto da Criança e do Adolescente.[146]

Nesse sentido, a distribuição de deveres e responsabilidades entre família, sociedade e Estado procurou encerrar o modelo do Estado providencial, de Bem-Estar Social. A partir dessa nova concepção, o Estado passa a compartilhar deveres e concede autonomia à família e à sociedade nesse processo de promoção, defesa e garantia de direitos de crianças e adolescentes.[147]

---

contemporaneidade e autenticidade social do texto que ora passa a vigorar. Como o caramujo, guardará para sempre o bramido das ondas de sofrimento, esperança e reivindicações de onde proveio". Discurso proferido na sessão de 5 de outubro de 1988, publicado no DANC de 5 de outubro de 1988, p. 14380-14382.

[145] *Caput* do artigo 227 na redação original do texto constitucional, não incluída a alteração da Emenda Constitucional nº 65, de 13 de julho de 2010 que será analisada no item 2.5.

[146] COSTA, Antonio Carlos Gomes da. Comentário ao art. 6º. In: CURY, Munir (coord.). *Estatuto da criança e do adolescente comentado*: comentários jurídicos e sociais. 11 ed. São Paulo: Malheiros, 2011, p. 58-59.

[147] Sobre o tema da distribuição de deveres entre Estado e família, no âmbito da assistência social, cf. AJOUZ, Igor. *O direito fundamental à assistência social e a distribuição de deveres entre o Estado e a Família*. Florianópolis: Conceito Editorial, 2012, p. 153, 158-159: "A imputação de deveres exclusivamente ao Estado não atinge mais do que a minimização tópica, descontínua e desarticulada das sequelas negativas do desequilíbrio social vivido, consolidando o que se

Uma leitura simplista e equivocada do *caput* do artigo 227 poderia levar a uma interpretação na qual haveria uma preferência entre família, sociedade e Estado para atuarem nesta ordem. Contudo, uma análise sistemática permite verificar ser incabível estabelecer preferência de atuação e/ou responsabilidades para efetivação de direitos constitucionais fundamentais de crianças e adolescentes, sendo todos responsáveis, como observa a Andréa Rodrigues Amin:

> Comum, em sede de responsabilidade civil, falarmos na tendência moderna de socializar o dano. No Direito da Criança e do Adolescente estamos socializando a responsabilidade, buscando assim prevenir, evitar, ou mesmo minimizar o dano que imediatamente recairá sobre a criança ou jovem, mas que de forma mediata será suportado pelo grupamento social.[148]

O conceito de família deve ser observado segundo o cotidiano da Justiça da Infância e Juventude que, assinala Carlos Alberto Carmello Junior, é pródigo para demonstrar que o conceito de família não se circunscreve à intelecção literal do texto do artigo 226 da Constituição da República, pois várias são as situações que devem ser qualificadas como entidade familiar, como criança sob a guarda de fato de padrasto a quem chama de pai ou então grupo de irmãos que convive sem os pais, exercendo os mais velhos as funções paternas e maternas, são situações que ilustram o vínculo estabelecido pela e com a criança, presente o cuidado e a afetividade.[149]

---

pode chamar de *novo clientelismo*. [...] A intervenção do Estado e a autonomização da sociedade não são movimentos necessariamente contraditórios, cabendo uma conciliação, mais do que possível, necessária. A nova visão sobre o papel do poder público o eleva à função de 'maestro e fiador das múltiplas solidariedades, públicas e privadas', dando coercibilidade aos deveres espraiados pelas relações sociais ou sub-rogando-se como provedor do mínimo existencial e das ferramentas de emancipação, quando frustrada a expectativa de composição nas esferas prioritárias, iniciadas no reduto familiar".

[148] AMIN, Andréa Rodrigues. Princípios orientadores do direito da criança e do adolescente. In: MACIEL, Kátia Regina Ferreira Lobo Andrade (coord.). Op. cit., p. 62.

[149] CARMELLO JUNIOR, Carlos Alberto. *A proteção jurídica da infância, da adolescência e da juventude*. São Paulo: Editora Verbatim, 2013, p. 41-42.

Além da família, o Estatuto da Criança e do Adolescente, no *caput* do artigo 4º[150], ao reproduzir parcialmente a norma constitucional do artigo 227, dividiu os deveres também com a "comunidade", que é entendida como sendo o "agrupamento que existe dentro da sociedade e que se caracteriza pela vinculação mais estreita entre seus membros, que adotam valores e costumes comuns".[151]

Observa com precisão Jadir Cirqueira de Souza que a sociedade, como corresponsável pela efetivação dos direitos das crianças e dos adolescentes, pode participar desse processo de garantia de direitos por duas formas: de maneira difusa, sem titularidade, ou, então, através de canais participativos do poder público, em órgãos de atuação do Sistema de Garantia dos Direitos, como os Conselhos de Direitos e os Conselhos Tutelares, cujos membros são eleitos pela sociedade para atuarem na proteção da infância e da adolescência.[152]

No que tange ao dever do Estado, deve-se distinguir o que cabe aos três Poderes. Ao Legislativo incumbe a função de elaboração de leis protetivas, assim como fiscalização da atuação do Executivo, mas, sobretudo, a análise sobre as leis orçamentárias a fim de verificar se contemplam a destinação privilegiada de recursos públicos para a infância. O Poder Executivo fica responsável pela elaboração e execução de políticas públicas, tanto de forma preventiva quanto na execução de medidas socioeducativas.

Quanto ao Poder Judiciário, com os novos direitos da criança e do adolescente, observa-se que foi reestruturado em seus órgãos e serviços, envolvendo-se mais com a atividade judicante, sua função típica, abandonando a atuação executiva e assistencial à época dos Juizados de Menores, cedendo, dessa forma, espaço para os novos Conselhos de Direitos e Conselhos Tutelares:

> Nessa vertente, fortaleceu a atuação do Poder Judiciário, uma vez que, ao contrário do Código de Menores reduziu as atividades administrativas dos órgãos judicias e redirecionou o mesmo para sua atuação

---

[150] Art. 4º. É dever da família, *da comunidade*, da sociedade em geral e do poder público assegurar, com absoluta prioridade, a efetivação dos direitos referentes à vida, à saúde, à alimentação, à educação, ao esporte, ao lazer, à profissionalização, à cultura, à dignidade, ao respeito, à liberdade e à convivência familiar e comunitária.

[151] DALLARI, Dalmo de Abreu. Comentário ao Art. 4º. In: CURY, Munir (coord.). Op. cit., p. 41.

[152] SOUZA, Jadir Cirqueira de. *A efetividade dos direitos da criança e do adolescente*. São Paulo: Editora Pillares, 2008, p. 131.

específica, ou seja, decidir litígios – individuais e coletivos – submetidos à sua apreciação, por meio do devido processo legal. [...] Assim, obviamente, as funções e atividades, que eram exercitadas pelo Juiz de Menores, na vigência do Código de Menores, devem ser repassadas ao Conselho Tutelar e aos Conselhos de Defesa de Direitos, que devem ser efetivamente prestigiados nas suas respectivas atuações.[153]

O segundo preceito emanado do enunciado constitucional do *caput* do artigo 227 é a *prioridade absoluta*. Por precisão terminológica é de se ressaltar que a *prioridade absoluta*, prevista no texto constitucional, reproduzida e complementada pelo Estatuto da Criança e do Adolescente[154], trata-se de uma garantia.

Nesse sentido, o constitucionalista português José Joaquim Gomes Canotilho, em análise das classificações doutrinárias e históricas sobre os direitos fundamentais, assevera que as clássicas garantias são também direitos, embora ressaltando o caráter instrumental de proteção:

> As garantias traduziam-se quer no direito dos cidadãos a exigir dos poderes públicos a proteção dos seus direitos, quer no reconhecimento de meios processuais adequados a essa finalidade (ex.: direito de acesso aos tribunais para defesa dos direitos, princípios do *nullum crimen sine lege* e *nulla poena sine crimen,* direito de *habeas corpus,* princípio *non bis in idem*).[155]

---

[153] Ibid., p. 114, 116.
[154] Art. 4º. É dever da família, da comunidade, da sociedade em geral e do poder público assegurar, *com absoluta prioridade*, a efetivação dos direitos referentes à vida, à saúde, à alimentação, à educação, ao esporte, ao lazer, à profissionalização, à cultura, à dignidade, ao respeito, à liberdade e à convivência familiar e comunitária.
Parágrafo único. *A garantia de prioridade compreende*:
a) primazia de receber proteção e socorro em quaisquer circunstâncias;
b) precedência de atendimento nos serviços públicos ou de relevância pública;
c) preferência na formulação e na execução das políticas sociais públicas;
d) destinação privilegiada de recursos públicos nas áreas relacionadas com a proteção à infância e à juventude.
[155] CANOTILHO, J.J. Gomes. *Direito constitucional e teoria da Constituição.* 7 ed. Coimbra: Almedina, 2003, p. 396.

A *prioridade absoluta* é uma garantia instrumentalizada para se assegurar os direitos fundamentais de crianças e adolescentes. E não é preciso muito esforço hermenêutico para se chegar a esta conclusão, pois é o termo técnico empregado pelo próprio Estatuto da Criança e do Adolescente, conforme análise do jurista Dalmo de Abreu Dallari:

> Complementando as disposições constitucionais e as exigências do art. 4º do Estatuto, foi acrescentado a este um parágrafo, enumerando alguns dos procedimentos indispensáveis para a garantia de prioridade exigida pela Constituição. Essa enumeração não é exaustiva, não estando, aí, especificadas todas as situações em que deverá ser assegurada a preferência à infância e à juventude, nem todas as formas de assegurá-la. A enumeração contida nesse parágrafo representa o mínimo exigível e é indicativa de como se deverá dar efeito prático à determinação constitucional. [...] Em caso de dúvida sobre seu alcance, deverá ser feita a interpretação observando-se que se trata da afirmação e garantia de direitos fundamentais, razão pela qual cabe perfeitamente a aplicação por extensão ou analogia, nunca podendo ser admitida uma interpretação restritiva.[156]

Por se tratar, o artigo 227, de norma definidora dos direitos e garantias fundamentais de crianças e adolescentes, possui aplicação imediata, nos termos do parágrafo 1º do artigo 5º. Não obstante possuir algum conteúdo programático, a norma constitucional referida é suficiente para gerar direitos públicos subjetivos aos seus destinatários e impor ao Estado um dever de agir, a uma prestação positiva, como se verifica da análise da constitucionalização de direitos empreendida e concretizada pela jurisdição constitucional.

2.3. Proteção internacional dos direitos da criança e do adolescente

A estruturação do sistema global de proteção internacional dos direitos humanos é expressão do processo de universalização desses direitos, trazendo, por conseguinte, instrumentos e mecanismos de controle.

---

[156] DALLARI, Dalmo de Abreu. Op. cit., 45-48.

Esse sistema de proteção internacional, caracterizado por instrumentos de alcance geral, é ampliado com tratados multilaterais determinados, voltados para proteção de pessoas e grupos particularmente vulneráveis, conforme ressalta Flávia Piovesan, sendo, pois, o processo da *especificação do sujeito de direito*, visto, agora, em sua especificidade e concreticidade, diferentemente daquele sistema geral de proteção endereçado a generalidade das pessoas.[157]

No sistema internacional de proteção dos direitos humanos, a criança recebe a primeira atenção em 1919, quando se adota a idade mínima para o trabalho, conforme Convenção aprovada pela Conferência Internacional do Trabalho. Posteriormente, no ano de 1921, há nova referência com a Convenção sobre Supressão do Tráfico de Mulheres e Crianças, adotada pela Liga das Nações.[158]

Contudo, o documento de caráter amplo e genérico que contemplará a infância será a Declaração da Criança, do ano de 1924, apresentada à Assembleia Geral da Liga das Nações pela delegação do Chile e aprovada de forma unânime como a "Carta da Liga sobre a Criança". Neste processo atuou a organização não governamental *Save the Children International Union*, fundada para atender as necessidades das crianças no período do pós-Primeira Guerra Mundial.[159]

Em 1959, a Organização das Nações Unidas (ONU) aprova a Declaração dos Direitos da Criança; documento em que, segundo Jacob Dolinger, as crianças deixam de ser "meros recipientes passivos, para serem reconhecidas como sujeitos do direito internacional, capazes de gozar de determinados direitos e liberdades":

> Como toda Declaração emanada da ONU, este documento não tem força legal, representando uma recomendação do órgão máximo internacional aos pais e aos governos, para que cuidem da educação e do bem-estar das crianças do mundo todo. É uma manifestação política como muitas outras emanadas das Nações Unidas, e de outros

---

[157] PIOVESAN, Flávia. *Direitos humanos e o direito constitucional internacional*. 14 ed. São Paulo: Saraiva, 2013, p. 462-463.
[158] DOLINGER, Jacob. *Direito internacional privado*: a criança no direito internacional. v. 1. t. 2. Rio de Janeiro: Renovar, 2003, p. 81.
[159] Ibid., p. 81-82.

órgãos intergovernamentais, com valor moral, histórico e filosófico, sem maiores consequências jurídicas.[160]

Duas décadas depois dessa Declaração, a ONU proclama o Ano da Criança, quando, então, a Polônia propõe que se prepare um tratado internacional buscando transformar em termos jurídicos os princípios da Declaração de 1959.[161]

A ONU aprova por consenso, em 1989, a Convenção sobre os Direitos da Criança que passa a viger no ano de 1990, destacando-se como o documento internacional de direitos humanos com o maior número de ratificações pelos Estados. Tal ato internacional contemplou concepções como proteção especial e integral, prioridade absoluta e desenvolvimento integral da criança enquanto sujeito de direitos, além de ter consagrado o denominado princípio do interesse superior da criança, com a previsão da fórmula *the best interests of the child shall be a primary consideration*.[162]

Além do texto principal, a Convenção possui três Protocolos Facultativos: (i) sobre venda de crianças, prostituições e pornografia infantis; (ii) sobre o envolvimento de crianças em conflitos armados; (iii) sobre procedimentos de comunicações.[163]

---

[160] Ibid., p. 83-84.
[161] Ibid., p. 84.
[162] Artigo 3.1. Todas as ações relativas às crianças, levadas a efeito por instituições públicas ou privadas de bem estar social, tribunais, autoridades administrativas ou órgãos legislativos, devem considerar, primordialmente, o interesse maior da criança. (Anexo do Decreto nº 99.710/1990 que promulgou a Convenção sobre os Direitos da Criança). Jacob Dolinger critica esta versão vernacular da Convenção, neste dispositivo em específico: "Ora, 'a primary consideration' – como consta do texto inglês, uma das línguas oficias da ONU – corresponde a 'uma consideração primordial', ou seja, uma dentre outras considerações básicas, e não primordialmente, como se fora a única, exclusiva, ou, pelo menos, a mais importante, consideração". Reconhece o autor, porém, que em certos dispositivos da Convenção o interesse da criança é efetivamente o primordial, exclusivo até, como no artigo 18.1: Os Estados Partes envidarão os seus melhores esforços a fim de assegurar o reconhecimento do princípio de que ambos os pais têm obrigações comuns com relação à educação e ao desenvolvimento da criança. Caberá aos pais ou, quando for o caso, aos representantes legais, a responsabilidade primordial pela educação e pelo desenvolvimento da criança. Sua preocupação fundamental visará ao interesse maior da criança. Ibid., p. 90.
[163] "Finalmente, em 19 de dezembro de 2011, foi adotado o Protocolo Facultativo à Convenção sobre os Direitos da Criança relativo ao procedimento de comunicações. Com o objetivo de

CAPÍTULO 2 – OS NOVOS DIREITOS DA CRIANÇA E DO ADOLESCENTE

Deve-se ressaltar que antes da Convenção sobre os Direitos da Criança alguns documentos já faziam referência a direitos infantojuvenis, tais como: a Declaração Universal de Direitos do Homem, de 1948[164]; o Pacto Internacional sobre Direitos Econômicos, Sociais e Culturais, de 1966[165]; o Pacto Internacional sobre Direitos Civis e Políticos, de 1966[166]; a Proclamação da Conferência de Teerã de 1968[167]; as Regras de Beijing sobre Justiça Penal para Jovens, de 1985; dentre outros documentos internacionais regionais.

---

instituir '*child-sensitive procedures*' e sempre endossando o princípio do interesse superior da criança, o Protocolo habilita o Comitê de Direitos da Criança a apreciar petições individuais (inclusive no caso de violação a direitos econômicos, sociais e culturais); a adotar '*interim measures*' quando houver urgência, em situações excepcionais e para evitar danos irreparáveis à(s) vítima(s) de violação; a apreciar comunicações interestatais; e a realizar investigações *in loco*, nas hipóteses de graves ou sistemáticas violações aos direitos humanos das crianças". PIOVESAN, Flávia. Op. cit., p. 291.

[164] **Artigo XXV. 2.** A maternidade e a infância têm direito a cuidados e assistência especiais. Todas as crianças nascidas dentro ou fora do matrimônio, gozarão da mesma proteção social. **Artigo XXVI. 3.** Os pais têm prioridade de direito na escolha do gênero de instrução que será ministrada a seus filhos.

[165] **Artigo 10. 3.** Devem-se adotar medidas especiais de proteção e de assistência em prol de todas as crianças e adolescentes, sem distinção alguma por motivo de filiação ou qualquer outra condição. Devem-se proteger as crianças e adolescentes contra a exploração econômica e social. O emprego de crianças e adolescentes em trabalhos que lhes sejam nocivos à moral e à saúde ou que lhes façam correr perigo de vida, ou ainda que lhes venham a prejudicar o desenvolvimento normal, será punido por lei. Os Estados devem também estabelecer limites de idade sob os quais fique proibido e punido por lei o emprego assalariado da mão-de-obra infantil. **Artigo 12. 2.** As medidas que os Estados Partes do presente Pacto deverão adotar com o fim de assegurar o pleno exercício desse direito incluirão as medidas que se façam necessárias para assegurar: **a)** A diminuição da mortinatalidade e da mortalidade infantil, bem como o desenvolvimento das crianças;

[166] **Artigo 23. 4.** Os Estados Partes do presente Pacto deverão adotar as medidas apropriadas para assegurar a igualdade de direitos e responsabilidades dos esposos quanto ao casamento, durante o mesmo e por ocasião de sua dissolução. Em caso de dissolução, deverão adotar-se disposições que assegurem a proteção necessária para os filhos. **Artigo 24. 1.** Toda criança terá direito, sem discriminação alguma por motivo de cor, sexo, língua, religião, origem nacional ou social, situação econômica ou nascimento, às medidas de proteção que a sua condição de menor requerer por parte de sua família, da sociedade e do Estado. **2.** Toda criança deverá ser registrada imediatamente após seu nascimento e deverá receber um nome. **3.** Toda criança terá o direito de adquirir uma nacionalidade.

[167] **16.** A proteção da família e da criança constitui preocupação da comunidade internacional. Os pais têm o direito humano básico de determinar livre e responsavelmente o número e o espaçamento de seus filhos.

O Brasil ratificou a Convenção sobre os Direitos da Criança e seus Protocolos Facultativos sem qualquer reserva ou declaração restritiva. Nesse sentido, Flávia Piovesan aponta que as inovações constitucionais de 1988, notadamente o primado da prevalência dos direitos humanos como princípio constitucional orientador, foram fundamentais para a ratificação sem reservas desses instrumentos protetivos.[168]

Observa ainda a mesma autora que a Constituição da República de 1988 se apresenta em perfeita consonância com a Convenção sobre os Direitos da Criança, pois o artigo 227 concebe as crianças e os adolescentes como sujeitos de direitos, a receberem proteção de forma absolutamente prioritária, devendo-se notar, ainda, que em 1990 o Estatuto da Criança e do Adolescente consagrou a doutrina da proteção integral, em cumprimento ao comando constitucional.[169]

A Representante do UNICEF no Brasil entre 2004 e 2011, Marie-Pierre Poirier, por ocasião dos dezoito anos da Convenção sobre os Direitos da Criança, ressaltou que o processo de construção e implementação do novo ordenamento internacional dialogou com o nacional. Convém salientar que o UNICEF participou ativamente das mobilizações global e nacional pela adoção da doutrina da proteção integral dos direitos da criança e do adolescente, considerando que houve uma influência mútua entre os processos de redação do texto constitucional de 1988 e da Convenção.[170]

Salienta a funcionária das Nações Unidas que a Convenção sobre os Direitos da Criança é muito mais que um instrumento normativo; é o reflexo da "crença de que a concretização dos direitos da criança é responsabilidade de todos", e observa que esse princípio é anunciado pelo "espetacular artigo 227 da Constituição Federal Brasileira", ao estipular que a garantia dos direitos infantojuvenis é obrigação da família, da sociedade e do Estado.[171]

---

[168] PIOVESAN, Flávia. Op. cit., p. 376.
[169] Ibid., p. 288-289.
[170] POIRIER, Marie-Pierre. 18 Anos da Convenção sobre os Direitos da Criança no contexto jurídico e social brasileiro – a visão do UNICEF. In: Associação Brasileira de Magistrados e Promotores de Justiça da Infância e da Juventude. *Direitos humanos da criança e do adolescente: 18 anos do ECA e da Convenção sobre os Direitos da Criança, 20 anos da Constituição Federal*. Revista do XXII Congresso da ABMP, 9 a 11 de abril de 2008 – Florianópolis/SC, p. 78-80.
[171] Ibid., p. 78.

CAPÍTULO 2 – OS NOVOS DIREITOS DA CRIANÇA E DO ADOLESCENTE

Ao lado do sistema internacional global, há o sistema regional de proteção, fruto da internacionalização dos direitos humanos no plano regional, cujos sistemas coexistem de forma complementar, segundo Flávia Piovesan.[172] Nesta perspectiva, o sistema interamericano tem como principal instrumento normativo a Convenção Americana de Direitos Humanos, de 1969, também denominada de Pacto de San José da Costa Rica.

Estabelece a Convenção Americana um aparato de monitoramento e de implementação dos direitos humanos por ela enunciados, integrado pela *Comissão Interamericana de Direitos Humanos* – órgão responsável por promover a observância e a proteção dos direitos humanos na América, podendo fazer recomendações aos governos dos Estados-partes, preparar estudos e relatórios, solicitar informações, examinar comunicações/denúncias encaminhadas por indivíduos, grupos ou entidades não governamentais – e pela *Corte Interamericana de Direitos Humanos* – órgão jurisdicional do sistema regional com competência consultiva, relativa à interpretação dos enunciados da Convenção, bem como competência de caráter jurisdicional, referente à solução de controvérsias.[173]

Convém mencionar que em face do Estado brasileiro destacam-se, ao menos, seis casos representativos perante o Sistema Interamericano envolvendo violação dos direitos de crianças e adolescentes brasileiros: caso 11.993, referente à Chacina da Candelária[174]; caso 11.702, solicitando medidas cautelares

---

[172] "Os sistemas global e regional não são dicotômicos, mas complementares. Inspirados pelos valores e princípios da Declaração Universal, compõem o universo instrumental de proteção dos direitos humanos, no plano internacional. Diante desse complexo universo de instrumentos internacionais, cabe ao indivíduo que sofreu a violação de direito a escolha do aparato mais favorável, tendo em vista que, eventualmente, direitos idênticos são tutelados por dois ou mais instrumentos de alcance global ou regional, ou, ainda, de alcance geral ou especial. Sob essa ótica, os diversos sistemas de proteção de direitos humanos interagem em benefício dos indivíduos protegidos". PIOVESAN, Flávia. Op. cit., p. 464.

[173] Ibid., p. 334-343.

[174] "Oito crianças e adolescentes foram encontrados mortos nos arredores da Igreja da Candelária, no Rio de Janeiro, em julho de 1993. A petição alega que os responsáveis pelas mortes são policiais militares. Os peticionários solicitam à Comissão seja declarada a violação pelo Estado brasileiro do direito à vida, do direito da criança à proteção especial e do direito à proteção judicial, previstos nos arts. 4º, 19 e 25 da Convenção Americana. A petição requer também seja recomendada ao Governo brasileiro a adoção das medidas necessárias para que os responsáveis sejam investigados, processados e punidos, sendo-lhes aplicáveis as sanções

para proteção dos direitos à vida e à integridade física de adolescentes em cumprimento de medidas socioeducativas de privação de liberdade em estabelecimentos do Estado do Rio de Janeiro[175]; casos 12.426 e 12.427 que se referem aos crimes contra os "meninos emasculados do Maranhão"[176]; caso 12.378 envolvendo denúncia de discriminação contra mães adotivas e seus respectivos filhos[177]; e caso 12.328, que diz respeito à denúncia de tortura e maus-tratos sofridos por adolescentes internos da Fundação Estadual para o Bem Estar do Menor (FEBEM) do Complexo do Tatuapé, em São Paulo, em que foi solicitada pela Comissão Interamericana a adoção de medidas cautelares para proteção da vida e da integridade física dos adolescentes internos e de todas as pessoas que em seu interior se encontrassem.[178]

Vislumbra-se que crianças e adolescentes, além dos direitos constitucionais previstos originalmente no Direito brasileiro, com a internacionalização dos direitos humanos passaram a ser titulares igualmente de direitos internacionais, isto é, passaram a ter direitos acionáveis e defensáveis no âmbito

---

correspondentes, bem como seja determinado o pagamento de indenização aos familiares das vítimas". Ibid., p. 420.

[175] "Apontam os peticionários à situação irregular dos aludidos estabelecimentos, especialmente em virtude da violação ao Estatuto da Criança e do Adolescente quanto à separação dos adolescentes por critérios de idade, compleição física e gravidade da infração, à superlotação e às condições subumanas a que são submetidos os adolescentes, vítimas de espancamentos, maus-tratos e violência sexual por parte de funcionários dos estabelecimentos". Ibid., p. 420.

[176] "No período de 1991 a 2000, dezenove meninos, entre nove e catorze anos, foram vítimas dessa grave violação [assassinados, com marca de violência e abuso sexual, culminando na extração dos órgãos genitais das vítimas]. Nestes casos foi alcançada solução amistosa incluindo o reconhecimento da responsabilidade internacional do Estado brasileiro, o julgamento e a punição dos responsáveis, bem como a adoção de medidas de reparação simbólica e material, medidas de não repetição e medidas de seguimento". Ibid., p. 420-421. Relatório completo do caso, contendo a íntegra da solução amistosa: Disponível em: <cidh.oas.org/annualrep/2006port/BRSA12426PO.doc> . Acesso em: 3 Nov. 2013.

[177] "Quanto ao impacto da litigância internacional no âmbito brasileiro, destaca-se que casos submetidos à Comissão Interamericana têm apresentado relevante impacto no que tange à mudança de legislação e de políticas públicas de direitos humanos, propiciando significativos avanços internos. [...] O Caso 12378, envolvendo denúncia de discriminação contra mães adotivas e seus respectivos filhos, em face de decisão definitiva proferida pelo Supremo Tribunal Federal, que negou direito à licença-gestante à mãe adotiva, foi também fundamental para a aprovação da Lei n. 10.421/2002, que estendeu o direito à licença-maternidade às mães de filhos adotivos". PIOVESAN, Flávia. Op. cit., p. 432-433.

[178] Ibid., p. 420 e 435.

CAPÍTULO 2 – OS NOVOS DIREITOS DA CRIANÇA E DO ADOLESCENTE

internacional, havendo uma expansão e complementariedade entre os sistemas nacional e internacional de proteção.[179]

Deve-se enfatizar que todos esses aparatos internacionais de proteção e as obrigações deles decorrentes, como observa Flávia Piovesan, trazem para o Estado a aceitação do monitoramento internacional para que possa ser verificado se os direitos humanos estão sendo respeitados em seu território[180], como demonstrado com os casos contra o Estado brasileiro apontados anteriormente.

Ademais, a proteção internacional dos direitos da criança e do adolescente influencia temas que tradicionalmente eram ligados ao direito conflitual, como posse, guarda e sequestro de menor, mas com a estruturação dos sistemas de proteção, passaram a se relacionarem à proteção dos direitos humanos de crianças e adolescentes, segundo análise de Jacob Dolinger, havendo, ainda, uma clara interdependência entre o direito internacional privado e o direito internacional público no campo de um *direito transnacional da criança*, a que se refere o mencionado professor de direito internacional.[181]

Com efeito, assinala Flávia Piovesan que a Constituição da República de 1988 estabeleceu um regime jurídico diferenciado aplicável aos tratados internacionais de proteção dos direitos humanos, ocasionando uma automática incorporação pelo Direito brasileiro desses diplomas protetivos, atribuindo *status* de norma constitucional material, independentemente do *quórum* de aprovação, compondo, com isso, o *bloco de constitucionalidade*[182]:

---

[179] Ibid., p. 378-379.
[180] Ibid., p. 442.
[181] "A melhor demonstração da interdependência do direito internacional privado e do direito internacional público no campo do direito transnacional da criança, é o fato de que diplomas internacionais emanados das Nações Unidas, visando a proteção da criança contra o tráfico de pessoas, a prostituição e a pornografia, invocarem convenções de direito internacional privado da Conferência da Haia". DOLINGER, Jacob. Op. cit., p. XVI-XVII.
[182] Sobre bloco de constitucionalidade: "Em favor da natureza constitucional dos direitos enunciados nos tratados internacionais, adicione-se também o fato de o processo de globalização ter implicado a abertura da Constituição à normação internacional. Tal abertura resultou na ampliação do bloco de constitucionalidade. Este passou a incorporar preceitos enunciadores de direitos fundamentais que, embora decorrentes de fonte internacional, veiculam matéria e conteúdo de inegável natureza constitucional". PIOVESAN, Flávia. Op. cit., p. 448. Sobre o tema com destaque para os direitos da criança, cf. COELHO, Bernardo Leôncio Moura. *O bloco de constitucionalidade e a proteção à criança*. Revista de Informação Legislativa, v. 31, nº 123, p. 259-266, jul./set. de 1994. Disponível em: <http://www2.senado.leg.br/bdsf/item/id/176262> . Acesso em: 4 Nov. 2013.

Com o advento do § 3º do art. 5º surgem, assim, duas categorias de tratados internacionais de proteção de direitos humanos: a) os materialmente constitucionais; e b) os material e formalmente constitucionais. Frise-se: todos os tratados internacionais de direitos humanos são materialmente constitucionais, por força do § 2º do art. 5º. Para além de serem materialmente constitucionais, poderão, a partir do § 3º do mesmo dispositivo, acrescer a qualidade de formalmente constitucionais, equiparando-se às emendas à Constituição, no âmbito formal.[183]

Ocorre que o Supremo Tribunal Federal não acolheu essa tese, entendendo a Corte que somente os diplomas internacionais aprovados nos termos do parágrafo 3º, introduzido pela Emenda Constitucional nº 45/2004, seriam equivalentes às emendas constitucionais. Os tratados internacionais sobre direitos humanos aprovados antes da aludida Emenda Constitucional continuam a valer no ordenamento jurídico como normas infraconstitucionais, atribuindo-se, no entanto, o *status* normativo de supralegalidade, conforme doutrina[184] e jurisprudência:

> DIREITO PROCESSUAL. *HABEAS CORPUS*. PRISÃO CIVIL DO DEPOSITÁRIO INFIEL. PACTO DE SÃO JOSÉ DA COSTA RICA. ALTERAÇÃO DE ORIENTAÇÃO DA JURISPRUDÊNCIA DO STF. CONCESSÃO DA ORDEM. 1. A matéria em julgamento neste habeas corpus envolve a temática da (in)admissibilidade da prisão civil do depositário infiel no ordenamento jurídico brasileiro no período posterior ao ingresso do Pacto de São José da Costa Rica no direito nacional. [...] 3. Há o caráter especial do Pacto Internacional dos Direitos Civis

---

[183] Ibid., p. 455. "Art. 5º. § 2º – Os direitos e garantias expressos nesta Constituição não excluem outros decorrentes do regime e dos princípios por ela adotados, ou dos tratados internacionais em que a República Federativa do Brasil seja parte. § 3º Os tratados e convenções internacionais sobre direitos humanos que forem aprovados, em cada Casa do Congresso Nacional, em dois turnos, por três quintos dos votos dos respectivos membros, serão equivalentes às emendas constitucionais". Até a presente data, somente a Convenção sobre os Direitos das Pessoas com Deficiência e seu respectivo Protocolo Facultativo foi aprovada nos termos desse parágrafo.
[184] MENDES, Gilmar Ferreira; COELHO, Inocêncio Mártires; BRANCO, Paulo Gustavo Gonet. *Curso de direito constitucional*. 4 ed. São Paulo: Saraiva, 2009, p. 260.

Políticos (art. 11) e da Convenção Americana sobre Direitos Humanos – Pacto de San José da Costa Rica (art. 7º, 7), ratificados, sem reserva, pelo Brasil, no ano de 1992. *A esses diplomas internacionais sobre direitos humanos é reservado o lugar específico no ordenamento jurídico, estando abaixo da Constituição, porém acima da legislação interna. O status normativo supralegal dos tratados internacionais de direitos humanos subscritos pelo Brasil, torna inaplicável a legislação infraconstitucional com ele conflitante, seja ela anterior ou posterior ao ato de ratificação.* [...] O art. 5º, § 2º, da Carta Magna, expressamente estabeleceu que os direitos e garantias expressos no *caput* do mesmo dispositivo não excluem outros decorrentes do regime dos princípios por ela adotados, ou dos tratados internacionais em que a República Federativa do Brasil seja parte. O Pacto de São José da Costa Rica, entendido como um tratado internacional em matéria de direitos humanos, expressamente, só admite, no seu bojo, a possibilidade de prisão civil do devedor de alimentos e, consequentemente, não admite mais a possibilidade de prisão civil do depositário infiel. 5. *Habeas corpus* concedido.[185]

Observa Flávia Piovesan que o Direito Internacional dos Direitos Humanos se integra e se complementa com o Direito brasileiro, permitindo, em determinados casos, o preenchimento de lacunas[186], como ocorrido no caso do *Habeas Corpus* nº 70.389-5, julgado pelo Supremo Tribunal Federal, em que a Corte, acerca da existência jurídica do crime de tortura contra crianças e adolescentes, entendeu ser passível de complementação o tipo penal aberto do antigo artigo 233 do Estatuto da Criança e do Adolescente[187] a partir dos instrumentos internacionais de direitos humanos, notadamente a Convenção sobre os Direitos da Criança e a Convenção contra a Tortura:

---

[185] STF, HC 88.240, Rel. Min. Ellen Gracie, j. 7 Out. 2008. DJe. 24 Out. 2008.
[186] PIOVESAN, Flávia. Op. cit., p. 166.
[187] O artigo 233 do Estatuto da Criança e do Adolescente foi revogado pela Lei 9.455/1997 que define e pune os crimes de tortura, sendo nesta legislação prevista causa de aumento de pena se a vítima for criança ou adolescente (art. 1º, § 4º, II). O antigo dispositivo do ECA previa: Art. 233. Submeter criança ou adolescente sob sua autoridade, guarda ou vigilância a tortura: Pena – reclusão de um a cinco anos. § 1º Se resultar lesão corporal grave: Pena – reclusão de dois a oito anos. § 2º Se resultar lesão corporal gravíssima: Pena – reclusão de quatro a doze anos. § 3º Se resultar morte: Pena – reclusão de quinze a trinta anos.

TORTURA CONTRA CRIANÇA OU ADOLESCENTE – EXISTÊNCIA JURÍDICA DESSE CRIME NO DIREITO PENAL POSITIVO BRASILEIRO – NECESSIDADE DE SUA REPRESSÃO – *CONVENÇÕES INTERNACIONAIS SUBSCRITAS PELO BRASIL* – PREVISÃO TÍPICA CONSTANTE DO ESTATUTO DA CRIANÇA E DO ADOLESCENTE (LEI Nº 8.069/90, ART. 233) [...] PREVISÃO LEGAL DO CRIME DE TORTURA CONTRA CRIANÇA OU ADOLESCENTE [...] O crime de tortura, desde que praticado contra criança ou adolescente, constitui entidade delituosa autônoma cuja previsão típica encontra fundamento jurídico no art. 233 da Lei nº 8.069/90. Trata-se de preceito normativo que encerra tipo penal aberto suscetível de integração pelo magistrado, eis que o delito de tortura – por comportar formas múltiplas de execução – caracteriza-se pela inflição de tormentos e suplícios que exasperam, na dimensão física, moral ou psíquica em que se projetam os seus efeitos, o sofrimento da vítima por atos de desnecessária, abusiva e inaceitável crueldade. – A norma inscrita no art. 233 da Lei nº 8.069/90, ao definir o crime de tortura contra a criança e o adolescente, ajusta-se, com extrema fidelidade, ao princípio constitucional da tipicidade dos delitos (CF, art. 5º, XXXIX). [...] A simples referência normativa à tortura, constante da descrição típica consubstanciada no art. 233 do Estatuto da Criança e do Adolescente, exterioriza um universo conceitual impregnado de noções com que o senso comum e o sentimento de decência das pessoas identificam as condutas aviltantes que traduzem, na concreção de sua prática, o gesto ominoso de ofensa à dignidade da pessoa humana. A tortura constitui a negação arbitrária dos direitos humanos, pois reflete – enquanto prática ilegítima, imoral e abusiva – um inaceitável ensaio de atuação estatal tendente a asfixiar e, até mesmo, a suprimir a dignidade, a autonomia e a liberdade com que o indivíduo foi dotado, de maneira indisponível, pelo ordenamento positivo. *NECESSIDADE DE REPRESSÃO À TORTURA – CONVENÇÕES INTERNACIONAIS. – O Brasil, ao tipificar o crime de tortura contra crianças ou adolescentes, revelou-se fiel aos compromissos que assumiu na ordem internacional, especialmente àqueles decorrentes da Convenção de Nova York sobre os Direitos da Criança (1990)*, da Convenção contra a Tortura adotada pela Assembleia

CAPÍTULO 2 – OS NOVOS DIREITOS DA CRIANÇA E DO ADOLESCENTE

Geral da ONU (1984), da Convenção Interamericana contra a Tortura concluída em Cartagena (1985) e da Convenção Americana sobre Direitos Humanos (Pacto de São José da Costa Rica), formulada no âmbito da OEA (1969). *Mais do que isso, o legislador brasileiro, ao conferir expressão típica a essa modalidade de infração delituosa, deu aplicação efetiva ao texto da Constituição Federal que impõe ao Poder Público a obrigação de proteger os menores contra toda a forma de violência, crueldade e opressão (art. 227, caput, in fine).* [...].[188]

O Brasil é referência em relação à proteção internacional dos direitos da criança e do adolescente. Seja pela ratificação dos diplomas normativos sem qualquer declaração restritiva, seja por possuir os preceitos protetivos constitucionalizados e se empenhar no processo de redesenho institucional a partir da teoria jurídica da proteção integral. Não sem razão registrou a Representante do UNICEF no Brasil, por ocasião da comemoração dos dezoito anos da Convenção sobre os Direitos da Criança no contexto jurídico e social brasileiro:

> O Brasil também se destaca pela inovação e esforço em estabelecer mecanismos de implementação da Convenção e criar novas institucionalidades para este propósito. Os Conselhos de Direitos da Criança e do Adolescente e os Conselhos Tutelares, com todos os seus desafios, continuam a fascinar o mundo como formas de conjugar o engajamento da sociedade e do Estado no processo de formulação e controle da política de atendimento da criança e do adolescente. Além dessas novas instituições também vimos a transformação de instituições já existentes.[189]

---

[188] STF, HC 70.389-5, Rel. Min. Sydney Sanches. Rel. p/ o acórdão Min. Celso de Mello, j. 23 Jun.1994. DJ. 10 Ago. 2001.
[189] POIRIER, Marie-Pierre. Op. cit., p. 78-79. Sobre a transformação das instituições existentes, observa ainda: "Vimos o papel do Ministério Público, e seus Centros de Apoio Operacional especializados, (CAOPs), a Defensoria Pública, e seus Núcleos Especializados na Defesa dos Direitos da Criança e do Adolescente, e no Judiciário, vimos as Varas Especializadas – a maioria em matéria de infração, e pouco a pouco a expansão das Varas de Crimes contra a Criança e o Adolescente. Para cada um desses órgãos sabemos a importância de equipes multidisciplinares de apoio, que ajudam assegurar um atendimento a criança e ao adolescente que seja apropriado a sua condição especial de ser em desenvolvimento. Por isso, saudamos uma das primeiras resoluções do Conselho Nacional de Justiça sobre a imprescindibilidade das equipes multidisciplinares na Justiça da Infância e Juventude".

2.4. A proteção integral do Estatuto da Criança e do Adolescente

O jurista Alyrio Cavallieri relatava que desde os primeiros movimentos da Constituinte de 1987-1988 formaram-se dois grupos: os *menoristas*, favoráveis à conservação do Código de Menores de 1979, adaptando-o à nova Constituição da República; e os *estatutistas*, que já haviam atuado no *lobby* da Constituição pela revogação do Código e redação de uma nova lei. Ressaltava o magistrado que os *estatutistas* ganharam a "incruenta batalha ideológica".[190]

De fato, para além da função simbólica desempenhada, a elevada carga ideológica na qual surgiu o Estatuto da Criança e do Adolescente foi uma marca desse processo de garantia de direitos, como se pode observar dos relatos de defensores do grupo dos *estatutistas* (ou *estatuístas*) à época da promulgação da lei:

> O Estatuto da Criança e do Adolescente está para o século XXI como a Lei Áurea esteve para o século atual. Trata-se de uma lei civilizatória.[191]
> Há uma corrente profunda empurrando o Brasil para o seu grande destino. O Estatuto da Criança e do Adolescente é fruto dessa corrente. Ele vem do fundo da nossa História, do mais profundo da alma nacional. Sua implementação – rápida, consequente, duradoura – é parte essencial e instrumento da mutação civilizacional em gestação.[192]
> O Estatuto da Criança e do Adolescente introduz mudanças tão profundas e amplas nas políticas públicas dirigidas à infância e juventude brasileiras que não é exagerado afirmar que ele promove, literalmente, uma revolução copernicana neste campo.[193]

---

[190] CAVALLIERI, Alyrio (org.). *Falhas do Estatuto da Criança e do Adolescente*. Rio de Janeiro: Forense, 1997, p. XVIII.

[191] RIVERA, Deodato. A mutação civilizatória. In: *Brasil criança urgente*: a lei 8069/90, o que é preciso saber sobre os novos direitos da criança e do adolescente. São Paulo: Columbus, 1990, p. 34.

[192] Ibid., p. 37.

[193] COSTA, Antonio Carlos Gomes da. A mutação social. In: *Brasil criança urgente*: a lei 8069/90, o que é preciso saber sobre os novos direitos da criança e do adolescente. São Paulo: Columbus, 1990, p.38.

A nova lei surge com um novo paradigma jurídico: busca romper com a doutrina anterior e nasce de um "encontro sinergético de pessoas e de instituições", como observou o Senador Ronan Tito na justificativa apresentada ao projeto de lei do Estatuto, frisando, ainda, que tal projeto não nasceu exclusivamente de um seleto grupo de menoristas, justamente ao revés.[194]

Além de regulamentar o novo direito constitucional da infância e adolescência, revolucionou ao sustentar a concepção de sujeitos de direitos e a afirmação da condição peculiar de pessoas em desenvolvimento. Revogou a legislação menorista, já incompatível materialmente com a Constituição de 1988, e desprezou conceitos como *situação irregular* e o estigmatizante termo *menor*.

Em seu artigo 1º a referida lei já preconiza que se trata da disposição sobre a proteção integral à criança e ao adolescente.[195] Convém mencionar que enunciados prevendo proteção à infância não são novidades; como observado no capítulo 1, o próprio Código Mello Mattos em 1927 já fazia alusão às medidas de proteção as quais os menores estavam sujeitos.

A inovação característica deste momento, portanto, é a pretensão da proteção ser integral, isto é, não bastam mais medidas protetivas, estas devem ser de ordem integral, buscando contemplar todas as crianças e adolescentes e não destinando uma normativa a um determinado grupo conforme a classe social ("menores em situação irregular"). Crianças e adolescentes não são mais objetos de intervenção, mas titulares de direitos, na condição de pessoas em peculiar desenvolvimento. Nesta perspectiva, pode-se concluir que a proteção integral visa à garantia ao desenvolvimento integral, tendo, pois, o Estatuto da Criança e do Adolescente sintetizado o pensamento do legislador constituinte, bem como contemplado os preceitos dos diplomas internacionais de proteção aos direitos humanos de crianças e adolescentes.

Observa Antonio Carlos Gomes da Costa que o Estatuto, nos campos do atendimento, da promoção e da defesa dos direitos da criança e do adolescente, consubstanciou um conjunto de mudanças de três ordens: conteúdo, método e gestão.[196]

---

[194] LABANCA, Luís Edmundo. *Estatuto da Criança e do Adolescente anotado*. Rio de Janeiro: Forense, 1991, p. 2-9.
[195] Lei nº 8.069/1990. Art. 1º. Esta Lei dispõe sobre a proteção integral à criança e ao adolescente.
[196] COSTA, Antonio Carlos Gomes da. Op. cit., p. 38-39.

Segundo o pedagogo Gomes da Costa, na mudança de conteúdo, o enfoque doutrinário anterior, da *situação irregular*, cede para a *proteção integral*, implicando, dessa maneira, mudanças na essência política, abrangendo: (i) as políticas básicas, como saúde, educação, habitação, trabalho, lazer, profissionalização e outras, consideradas direito de todos e dever do Estado; (ii) as políticas assistenciais voltadas para o atendimento compensatório a todos os que delas necessitem; (iii) as ações de assistência médica, psicossocial e jurídica às crianças vitimizadas; (iv) a defesa jurídico-social das crianças e adolescentes envolvidos em situações com implicações de natureza legal.[197]

Como mudança de método, verifica o mencionado autor o reconhecimento da criança e do adolescente como "sujeitos de direitos" e "pessoas em desenvolvimento", dignas de "prioridade absoluta", gerando, assim, revisão nos métodos, nas técnicas e na organização dos programas de atendimento.

Por mudança de gestão, defende Gomes da Costa os novos pilares para as políticas e programas voltados à criança e ao adolescente, quais sejam: a descentralização político-administrativa e a participação da população:

> É interessante notar que, antes, a população era convocada a participar apenas da execução das ações na base, via mutirão, por exemplo. Agora, pela Constituição e o Estatuto, a cidadania organizada está convocada a participar em instâncias até aqui privativas dos homens públicos, dos dirigentes de políticas, dos chamados homens de Estado, como a formulação das políticas e o controle das ações em todos os níveis.[198]

Dentro dessa mudança de gestão empreendida pelo Estatuto, vislumbra-se a criação de novas institucionalidades: o Conselho Tutelar, como órgão permanente, autônomo, integrante da Administração Pública municipal, não jurisdicional, cuja função é zelar pelo cumprimento dos direitos da infância previstos no Estatuto; e o Conselho de Direitos, como órgão deliberativo e controlador das ações relativas à política de atendimento, sendo a função

---

[197] Ibid., p. 38-39.
[198] Ibid., p. 41.

de conselheiro de relevante interesse público e não remunerada.[199] Os dois Conselhos, vale registrar, são estruturados na participação da sociedade nas ações de proteção integral à criança e ao adolescente.

Buscando a efetivação dos direitos humanos da infância e adolescência em todos os entes federativos, foi institucionalizado o *Sistema de Garantia dos Direitos da Criança e do Adolescente*, pelo Conselho Nacional dos Direitos da Criança e do Adolescente (CONANDA) em abril de 2006, constituindo-se na articulação e integração das instâncias públicas governamentais e da sociedade civil na aplicação de instrumentos normativos e no funcionamento dos mecanismos de promoção, defesa e controle para a efetivação dos direitos; competindo ao Sistema promover, defender e controlar a efetivação dos direitos civis, políticos, econômicos, sociais, culturais, coletivos e difusos, em sua integralidade, em favor de todas as crianças e adolescentes, de modo que sejam reconhecidos e respeitados como sujeitos de direitos e pessoas em condição peculiar de desenvolvimento.[200]

Em outubro de 2012 o Conselho Nacional de Justiça, o Conselho Nacional do Ministério Público, o Conselho Nacional de Defensores Públicos Gerais, o Ministério da Justiça, o Ministério da Educação, o Ministério do Trabalho e Emprego, o Ministério do Desenvolvimento Social e Combate à Fome, o Ministério da Saúde e a Secretaria de Direitos Humanos da Presidência da República, celebraram a *Carta de Constituição de Estratégias em Defesa da Proteção Integral dos Direitos da Criança e do Adolescente*, que, dentre outros objetivos, procurou adotar Estratégias Nacionais para a garantia da proteção integral dos direitos fundamentais da criança e do adolescente, notadamente: Estratégia Nacional de Defesa da Convivência Familiar, Estratégia Nacional de Enfrentamento da Violência Sexual contra Crianças e Adolescentes, Estratégia Nacional de Aperfeiçoamento do Sistema Socioeducativo e Estratégia Nacional de Erradicação do Trabalho Infantil.[201]

---

[199] Sobre os Conselhos de Direitos e para uma análise de seu processo histórico de institucionalidade, cf. OLIVEIRA, Siro Darlan de; ROMÃO, Luis Fernando de França. *A história da criança por seu conselho de direitos*. Rio de Janeiro: Revan, 2015.
[200] Resolução CONANDA nº 113, de 19 de abril de 2006.
[201] Disponível em: <http://www.cnj.jus.br/images/acordos_termos/Carta_001_2012.pdf> . Acesso em: 21 Out. 2013.

Vê-se, portanto, que a *proteção integral*, preconizada pelo Estatuto da Criança e do Adolescente, trouxe ao ordenamento jurídico novos paradigmas, nova doutrina para tutela de novos direitos de crianças e adolescentes. Nesse sentido, o civilista Caio Mário da Silva Pereira, analisando esse diploma, assentou com muita pertinência o que, passadas mais de duas décadas, começa a se concretizar:

> Não será fácil montar todos os mecanismos que o Estatuto criou. Terá, no entanto, de vingar, através do trabalho de interpretação, que orçará antes pela técnica que a doutrina norte-americana traduz no vocábulo "construction". O Estatuto é lei. Tem de ser cumprido. [...] Se deste estatuto prevalecerem a sua ideia central de "proteção integral da criança e do adolescente" juntamente com o propósito descentralizador, terá cumprido o que dele se espera. Certamente que não reverterá, por um golpe de mágica, o quadro dramático [...] Isto será obra do tempo, até mesmo de mais de uma geração, pois que resulta ele do acúmulo dos erros do passado. Mas é certo, todavia, que o Estatuto importa no detonador de um processo reformista, que as novas gerações acolherão, e hão de pôr em movimento.[202]

2.5. Os direitos do Jovem

Através da Emenda Constitucional nº 65, de 13 de julho de 2010, alterou-se o artigo 227 da Constituição da República a fim de "cuidar dos interesses da juventude". Desse modo, o jovem passou a ser sujeito de direitos no mesmo plano que a criança e o adolescente, garantindo-se-lhe a prioridade absoluta e todos os mesmos direitos previstos anteriormente à infância e à adolescência.

Além da inclusão do jovem no *caput* do dispositivo citado, ainda foi acrescentado um parágrafo ao aludido artigo prevendo que lei estabeleceria o Estatuto da Juventude, destinado a regular os direitos do jovem, e o Plano

---

[202] PEREIRA, Caio Mário da Silva. O Estatuto da Criança e do Adolescente no quadro evolutivo do direito brasileiro. In: PEREIRA, Tânia da Silva (coord.). *Estatuto da Criança e do Adolescente – lei 8.069/90*: estudos sócio-jurídicos. Rio de Janeiro: Renovar, 1992, p. 13-15.

Nacional de Juventude, de duração decenal, visando à articulação para execução de políticas públicas específicas. O respeitado constitucionalista José Afonso da Silva tem uma posição crítica quanto à necessidade dessa alteração constitucional:

> Não era preciso mudar a Constituição para nada disso. Razão, portanto, sobrava ao Dep. Arnaldo Madeira quando na discussão da matéria observou: "Fico me perguntando qual é o efeito de colocarmos na Constituição a palavra 'jovem' ou fazermos uma determinação de que precisa ser elaborado o Estatuto da Juventude, e o Plano Nacional da Juventude. Não é necessário alterar a Constituição para fazer um plano nacional ou um estatuto. Permanecemos com a nossa cultura de colocar tudo na Constituição e ampliá-la cada vez mais. Achamos que o que não está na Constituição não vale".[203]

Profissionais da área da infância, que sempre viram essa inserção dos direitos do jovem com cautela e receio, lamentaram uma suposta fragilização da condição jurídica da criança e do adolescente, antes os únicos contemplados com a garantia da prioridade absoluta.[204]

Com efeito, cabe salientar que antes da incorporação do jovem à Constituição, ocorrida em 2010, o marco inicial dos direitos desse segmento no ordenamento jurídico brasileiro foi a Lei federal nº 11.129, de 30 de junho de 2005, que iniciou o processo de institucionalização dos direitos do jovem ao instituir o Programa Nacional de Inclusão de Jovens – ProJovem e criar o Conselho Nacional da Juventude – CONJUVE, além da Secretaria Nacional de Juventude – SNJ, dentro do Governo Federal, durante a Presidência de Luiz Inácio Lula da Silva.

A partir de uma articulação institucional, empreendida pelo Governo Federal com as novas institucionalidades criadas, especialmente no âmbito do CONJUVE, foi se firmando uma concepção de jovens como sujeitos de direitos, compreendendo-se a juventude como condição social parametrizada

---

[203] SILVA, José Afonso da. *Curso de direito constitucional positivo.* 35 ed. São Paulo: Malheiros, 2012, p. 854.
[204] CARMELLO JUNIOR, Carlos Alberto. Op. cit., p. 214.

por uma faixa etária congregando pessoas entre quinze e vinte e nove anos de idade.[205]

Buscou-se salientar que a condição juvenil deveria ser tratada sem estereótipos, sedimentando, igualmente, a ideia segundo a qual "a consagração dos direitos dos/das jovens precisa partir da própria diversidade que caracteriza a(s) juventude(s)".[206] É de se ressaltar que essa ideia pluralizou e diversificou o debate em termos de políticas públicas voltadas para os jovens.

Em agosto de 2013 sobreveio a aprovação da Lei nº 12.852 que instituiu o Estatuto da Juventude e o Sistema Nacional de Juventude, dispondo, ainda, sobre os princípios e diretrizes das políticas públicas de juventude.

Com técnica e zelo no que tangencia a intersecção ocorrida com os adolescentes-jovens em idade entre quinze e dezoito anos, previu o Estatuto da Juventude que será aplicado, nesses casos, o Estatuto da Criança e do Adolescente, incidindo àquela lei somente de forma excepcional, quando não conflitar com as normas da proteção integral do adolescente.[207]

Convém ressaltar que o Estatuto da Juventude não menciona *proteção integral* ao jovem, embora faça referência ao "desenvolvimento integral" (art. 2º, V), tendo por princípio regente de suas políticas públicas a *promoção da autonomia e emancipação dos jovens*, referente à trajetória de inclusão, liberdade e participação juvenil na sociedade brasileira.[208]

---

[205] "Este é um padrão internacional que tende a ser utilizado no Brasil. Nesse caso, podem ser considerados jovens os 'adolescentes-jovens' (cidadãos e cidadãs com idade entre os 15 e 17 anos), os 'jovens-jovens' (com idade entre os 18 e 24 anos) e os 'jovens adultos' (cidadãos e cidadãs que se encontram na faixa-etária dos 25 aos 29 anos)". Essa observação consta da publicação promovida pelo Conselho Nacional de Juventude, cf. NOVAES, Regina Célia Reyes et al. (org.). *Política Nacional de Juventude*: diretrizes e perspectivas. 2 ed. São Paulo: Conselho Nacional de Juventude; Fundação Friedrich Ebert, 2006, p. 5.

[206] Ibid., p. 5.

[207] Lei nº 12.852/2013. Art. 1º. Esta Lei institui o Estatuto da Juventude e dispõe sobre os direitos dos jovens, os princípios e diretrizes das políticas públicas de juventude e o Sistema Nacional de Juventude – SINAJUVE. § 1º – Para os efeitos desta Lei, são consideradas jovens as pessoas com idade entre 15 (quinze) e 29 (vinte e nove) anos de idade. § 2º - Aos adolescentes com idade entre 15 (quinze) e 18 (dezoito) anos aplica-se a Lei nº 8.069, de 13 de julho de 1990 – Estatuto da Criança e do Adolescente, e, excepcionalmente, este Estatuto, quando não conflitar com as normas de proteção integral do adolescente.

[208] Art. 2º. O disposto nesta Lei e as políticas públicas de juventude são regidos pelos seguintes princípios: I – promoção da autonomia e emancipação dos jovens; [...] V – promoção do bem-estar, da experimentação e do desenvolvimento integral do jovem; [...] Parágrafo único. A

O receio com uma perda de valor jurídico diferenciado à infância e à adolescência, presente em alguns militantes da área da infância, dissipou-se com a regra expressando a aplicação do ECA aos adolescentes, podendo-se falar ainda em complementaridade entre os dois diplomas normativos, pois, "antes que conflitivas, o ECA e o EJ são leis que se complementam e assim devem ser interpretadas, o que sucede, aliás, com as normas de direitos humanos, as quais, além de universais, são interdependentes", conforme salienta com notável precisão Carlos Alberto Carmello Júnior.[209]

Percebe-se que ocorreu um fenômeno de *emancipação de direitos* dos jovens, vislumbrando-se, pois, o que há anos se dá no cenário de proteção internacional dos direitos humanos que é a *especificação dos sujeitos de direitos*. Assim como nos trabalhos constituintes buscou-se destacar a condição da adolescência, passadas duas décadas chegou o momento de contemplação expressa da condição do jovem na vida em sociedade e seu reconhecimento jurídico com a constitucionalização de sua condição e, por conseguinte, de seus direitos.

emancipação dos jovens a que se refere o inciso I do caput refere-se à trajetória de inclusão, liberdade e participação do jovem na vida em sociedade, e não ao instituto da emancipação disciplinado pela Lei nº 10.406, de 10 de janeiro de 2002 – Código Civil.
[209] CARMELLO JUNIOR, Carlos Alberto. Op. cit., p. 216.

CAPÍTULO 3
CONSTITUCIONALIZAÇÃO E O DIREITO DA CRIANÇA E DO ADOLESCENTE

O fenômeno da constitucionalização do Direito é um traço marcante do denominado *neoconstitucionalismo*[210], com caráter ideológico de concretização dos direitos fundamentais[211], tendo em vista que o *constitucionalismo*, enquanto movimento político-social que buscava limitação do poder estatal e supremacia

---

[210] Sobre a origem doutrinária do *neoconstitucionalismo* destaca Jorge Octávio Lavocat Galvão: "O termo 'Neoconstitucionalismo' foi utilizado pela primeira vez em 1998 por Susanna Pozzolo no artigo 'Neoconstitucionalismo y Especificidad de la Interpretación Constitutional' para designar uma corrente de pensamento no âmbito da filosofia do direito que adota um modelo axiológico de Constituição, compreendida por princípios que precisam ser moralmente interpretados para ganhar vida. A jurista italiana cita Ronald Dworkin, Robert Alexy, Gustavo Zagrebelsky e Carlos Santiago Nino como os precursores desse modo de pensar o direito. No Brasil, o primeiro uso da expressão deu-se em 2004 no volume n. 2 da *Revista do Instituto de Hermenêutica Jurídica*, cujo tema era '(Neo)Constitucionalismo: ontem, os códigos, hoje, as constituições'". Para um aprofundado estudo crítico sobre o tema cf. GALVÃO, Jorge Octávio Lavocat. *O neoconstitucionalismo e o fim do Estado de Direito*. São Paulo: Saraiva, 2014, p. 60 e ss. Em defesa dessa corrente doutrinária, dentre outros, cf. BARROSO, Luís Roberto. Neoconstitucionalismo e constitucionalização do direito – o triunfo tardio do direito constitucional no Brasil. In: SOUZA NETO, Cláudio Pereira de; SARMENTO, Daniel (orgs.). *A constitucionalização do direito*: fundamentos teóricos e aplicações específicas. Rio de Janeiro: Lumens Juris, 2007.

[211] Cf. AGRA, Walber de Moura. *Curso de direito constitucional*. 6 ed. Rio de Janeiro: Forense, 2008, p. 31.

da lei, não se mostrou suficiente para garantia da eficácia de suas normas.[212] Com efeito, o Direito da Criança e do Adolescente, por sua vez, acompanhou o desenvolvimento desse fenômeno.

Será analisado, a seguir, o fenômeno da constitucionalização a partir dos principais autores que tratam do tema e, quando oportuno, será inserida a visão segundo o Direito da Criança e do Adolescente, a fim comprovar que esse Direito acompanhou – e continua acompanhando – "este projeto grandioso de remodelar toda a ordem jurídica para dar-lhe uma fisionomia compatível com os valores constitucionais".[213]

3.1. Conceituação do fenômeno jurídico

O jurista italiano Riccardo Guastini[214], analisando o fenômeno da *constitucionalização do ordenamento jurídico*, atribui três significados distintos para o emprego da expressão destacada, quais sejam:

(i) referência à introdução de uma primeira Constituição escrita em um ordenamento jurídico;
(ii) menção a um processo histórico-cultural que transforma em vínculo jurídico a relação intercorrente travada entre os detentores do poder político e aqueles que a este estão sujeitos;
(iii) processo de transformação de um ordenamento jurídico, resultando este totalmente impregnado pelas normas constitucionais.

É certo que em um ordenamento constitucionalizado, segundo o autor, tem-se a primazia do direito constitucional, quando este passa a ocupar o espaço inteiro da vida social e política, condicionando a legislação, a jurisprudência, o estilo doutrinário, as ações dos atores políticos, bem como as relações privadas.[215]

---

[212] Cf. BARROSO, Luís Roberto. Op. cit., p. 5.
[213] SARMENTO, Daniel. Ubiquidade constitucional: os dois lados da moeda. In: SOUZA NETO, Cláudio Pereira de; SARMENTO, Daniel (orgs.). Op. cit., p. 148.
[214] GUASTINI, Riccardo. A 'constitucionalização' do ordenamento jurídico e a experiência italiana. In: SOUZA NETO, Cláudio Pereira de; SARMENTO, Daniel (orgs.). Op. cit., p. 272.
[215] Ibid., p. 272.

CAPÍTULO 3 – CONSTITUCIONALIZAÇÃO E O DIREITO DA CRIANÇA E DO ADOLESCENTE

Nesse contexto, duas condições são necessárias para a constitucionalização: a existência de uma Constituição rígida e a garantia jurisdicional da Constituição (Constituição garantida).[216] Ambas as condições são atendidas pelo atual ordenamento jurídico brasileiro.

Além disso, o autor italiano aponta cinco aspectos gerais do fenômeno da constitucionalização: (i) força vinculante da Constituição; (ii) "sobre-interpretação" da Constituição[217]; (iii) aplicação direta das normas constitucionais; (iv) interpretação das leis conforme a Constituição; (v) influência da Constituição sobre as relações políticas.[218]

Convém mencionar que a conceituação proposta por Riccardo Guastini serve de base para se iniciar uma compreensão sobre a constitucionalização do Direito operada no ordenamento jurídico brasileiro.

3.2. Concepções de Constituição e constitucionalização

Virgílio Afonso da Silva salienta haver estreita ligação, e mesmo uma influência decisiva, entre constitucionalização e a concepção que se tem sobre o papel desempenhado pela Constituição, não sendo possível se contentar somente com a ideia da pirâmide normativa proposta por Hans Kelsen.

Assim, segundo este notável constitucionalista da Faculdade de Direito do Largo de São Francisco, uma concepção da Constituição como total, isto é, dirigente de toda a atividade estatal e capaz de moldar toda a organização social, gera uma constitucionalização também totalizante que identifica o direito infraconstitucional como mera concretização da Constituição, em que toda relação jurídica é por ela regulada. Este professor critica esta concepção, pois ela ocasiona a perda de importância da jurisdição ordinária em face da

---

[216] Ibid., p. 273-274.
[217] Explica o autor: "A sobre-interpretação da Constituição é um movimento interpretativo que tende a desconsiderar que o Direito Constitucional seja lacunoso e, portanto, evita as lacunas ou de qualquer modo elabora normas implícitas para preenchê-las". Ibid., p. 276.
[218] Observa o autor que "este último aspecto não é fácil de ser precisado, pois depende de diversos elementos, entre os quais podem ser mencionados: o próprio conteúdo da Constituição e a postura dos juízes (sobretudo do Tribunal Constitucional), órgãos constitucionais e atores políticos". Ibid., p. 278-279.

"superinstância revisora encarnada pela jurisdição constitucional".[219] Neste mesmo sentido, voltando-se para o cenário brasileiro, Oscar Vilhena Vieira ressalta:

> Difícil pensar um tema relevante em nossa vida política que não venha a exigir, mais dia menos dia, a intervenção do STF: troca-troca de partidos, cláusula de barreira partidária, julgamento de altas autoridades (vide Collor e mensalão), limites de atuação das CPIs, do Ministério Público e do Conselho Nacional de Justiça, sessões secretas do Senado, direito de greve dos servidores públicos, guerra fiscal, aposentadorias de governadores, reforma administrativa, previdenciária e do próprio Judiciário, pesquisa com células-tronco, quotas nas universidades, desarmamento, distribuição de medicamentos, aborto, direito adquirido – sem falar em milhares de habeas corpus, como o concedido para Salvatore Cacciola. *Tudo parece exigir uma última palavra do STF*. Se por um lado isto demonstra a grande fortaleza desta instituição, por outro é sintoma de uma forte crise, para não dizer degradação, de nosso sistema democrático, que hoje depende deste novo "Poder Moderador" para funcionar.[220]

A concepção que tem na Constituição uma lei comum não gera o fenômeno da constitucionalização por ausência de capacidade de irradiação das normas e valores constitucionais. Não há, pois, supremacia constitucional nesse caso.[221]

Por outro lado, há a concepção que vislumbra a Constituição como moldura, em que a Carta Magna serve como limite para a atuação legislativa, não estando nem tudo predefinido, garantindo-se espaços de abertura para que as relações possam se desenvolver. Essa concepção, segundo Virgílio Afonso da

---

[219] SILVA, Virgílio Afonso da. *A constitucionalização do direito*: os direitos fundamentais nas relações entre particulares. São Paulo: Malheiros, 2011, p. 124-125. Também Robert Alexy aponta aspectos negativos no que denomina de "sobreconstitucionalização", cf. ALEXY, Robert. *Constitucionalismo discursivo*. 3 ed. org./trad. Luís Afonso Heck. Porto Alegre: Livraria do Advogado Editora, 2011, p. 75-76.
[220] VIEIRA, Oscar Vilhena. *Supremocracia: vícios e virtudes republicanas*. VALOR ECONÔMICO. Artigo publicado originalmente em 06 Nov. 2007. Disponível em: <http://www2.senado.leg.br/bdsf/bitstream/handle/id/481469/noticia.htm?sequence=1> Acesso em: 17 Nov. 2014.
[221] SILVA, Virgílio Afonso da. Op. cit., p. 125.

CAPÍTULO 3 – CONSTITUCIONALIZAÇÃO E O DIREITO DA CRIANÇA E DO ADOLESCENTE

Silva, busca equilibrar a ideia de direitos fundamentais como mandamentos de otimização sem a necessidade de uma ordem de valores totalizantes.[222]

Deve ser mencionado que essa concepção constitucional e sua consequente constitucionalização-moldura faz parte da "dogmática do espaço", defendida por Robert Alexy ao assinalar a expansão de conteúdos jurídico-fundamentais como efeito da constitucionalização material da ordem jurídica. Assim, o referido jurista aponta que uma constitucionalização adequada somente seria possível a partir de uma dogmática do espaço que entendesse o problema da constitucionalização além dos direitos fundamentais, embora nestes esteja seu ponto essencial e de partida:

> Essa [dogmática de espaços] descansa sobre duas colunas. A primeira, formam os espaços estruturais que expressam a limitação do conteúdo material da constituição, a segunda, os espaços epistêmicos, pelos quais é transferida, em extensão limitada, jurisdição constitucional material aos tribunais especializados.[223]

É de se ressaltar haver divergência doutrinária neste aspecto, conforme expressa Daniel Sarmento:

> A metáfora da moldura não nos parece adequada, porque ressalta apenas a função constitucional de limite para o legislador, deixando de expressar o relevante papel que a Constituição também desempenha, de diretriz vinculante para toda produção e aplicação do Direito.[224]

3.3. Constitucionalização como processo

Segundo a teoria alemã, o fenômeno da constitucionalização do Direito compreende a irradiação dos efeitos das normas e valores constitucionais como

---

[222] Ibid., p. 126.
[223] ALEXY, Robert. Op. cit., p. 77 e 92.
[224] SARMENTO, Daniel. Op. cit., p. 141.

um processo e, como tal, reveste-se de diversas formas e é empreendido por atores diversos.[225]

Identificam-se, a partir dessa concepção, as seguintes formas de desenvolvimento do processo de constitucionalização:

(i) reforma legislativa, ocorrendo a adaptação da legislação ordinária às prescrições constitucionais:
A mais efetiva e, ao menos em tese, a menos problemática forma de constitucionalização do direito é realizada por meio de reformas, pontuais ou globais, na legislação infraconstitucional. É parte da tarefa legislativa, adaptar a legislação ordinária às prescrições constitucionais e, nos casos de constituições de caráter dirigente, realizá-la por meio de legislação.[226]
(ii) desenvolvimento jurídico por meio da criação de novos direitos individuais e de minorias;
(iii) mudança de paradigma nos demais ramos do Direito;
(iv) irradiação do Direito constitucional[227] – tanto sob a acepção relativa aos efeitos nas relações privadas e deveres de proteção, como também a constitucionalização do Direito por meio da jurisdição ordinária.

Dessa maneira, esse processo, pelas suas diversas formas de desenvolvimento, pode ser empreendido por três atores principais – o Legislativo, o Judiciário e a Doutrina.

O Legislativo é tido como o principal ator do processo de constitucionalização, até porque a reforma legislativa é a forma mais efetiva de desenvolvimento do fenômeno, conforme apontado acima. A esse ator cabe a tarefa de

---

[225] Essa concepção faz parte da análise doutrinária teórica dos alemães Gunnar Folke Schuppert e Christian Bumke, exposta por Virgílio Afonso da Silva em sua obra citada anteriormente.

[226] SILVA, Virgílio Afonso da. Op. cit., p. 39.

[227] "Segundo Schuppert e Bumke, no início do processo de irradiação do direito constitucional pelos outros ramos do direito, um dos objetivos principais era simplesmente a solidificação da submissão desses ramos aos ditames constitucionais. Ainda que essa submissão soe trivial para o jurista contemporâneo, nem sempre foi assim, especialmente por causa da milenar tradição do direito privado como área do direito reservada à autonomia privada, não submetida às previsões do direito público". Ibid., p. 41.

CAPÍTULO 3 – CONSTITUCIONALIZAÇÃO E O DIREITO DA CRIANÇA E DO ADOLESCENTE

adaptação da legislação ordinária às prescrições constitucionais com a produção de *legislações constitucionalizadoras* – qualificação atribuída àquelas leis que se destinam à eliminação de situações infraconstitucionais inconstitucionais ou àquelas que, por exigência expressa e específica da própria Constituição, complementam a eficácia de algumas normas constitucionais.[228]

Cabe salientar que essa concepção permite visualizar o Estatuto da Criança e do Adolescente como uma lei constitucionalizadora. Fruto de um amplo processo de mobilização social e política buscou-se, com tal lei, avançar na concretude das prescrições constitucionais do artigo 227, além de ter revogado a legislação menorista de 1979, que, nesse momento, já se encontrava incompatível materialmente com os valores da nova ordem constitucional.

O Judiciário, através da aplicação, interpretação e controle dos atos que envolvam os direitos fundamentais, sobressai como importante ator, pois na atividade judiciária, segundo Virgílio Afonso da Silva, "todas as dificuldades e peculiaridades da constitucionalização do direito se revelam com clareza e profundidade".[229]

A fim de ilustrar esse processo de constitucionalização do direito da criança e do adolescente operado pelo Poder Judiciário, em especial na jurisdição não constitucional, cabe mencionar que casos envolvendo direito à saúde de crianças e adolescentes têm sido recorrentes na Justiça brasileira, em que o demandante espera da atividade judicante a concretização/efetivação deste direito fundamental. Contudo, algumas peculiaridades ocorrem nesse processo, pois se tem nesse contexto a garantia da prioridade absoluta às crianças e adolescentes, que muitas vezes conflita aparentemente com a questão orçamentária[230]

---

[228] Ibid., p. 44.
[229] Ibid., p. 44.
[230] Nesse sentido, notável decisão do Superior Tribunal de Justiça, da lavra do Ministro Luiz Fux, assim ementada: "DIREITO CONSTITUCIONAL À ABSOLUTA PRIORIDADE NA EFETIVAÇÃO DO DIREITO À SAÚDE DA CRIANÇA E DO ADOLESCENTE. NORMA CONSTITUCIONAL REPRODUZIDA NOS ARTS. 7º E 11 DO ESTATUTO DA CRIANÇA E DO ADOLESCENTE. NORMAS DEFINIDORAS DE DIREITOS NÃO PROGRAMÁTICAS. EXIGIBILIDADE EM JUÍZO. INTERESSE TRANSINDIVIDUAL ATINENTE ÀS CRIANÇAS SITUADAS NESSA FAIXA ETÁRIA. AÇÃO CIVIL PÚBLICA. CABIMENTO E PROCEDÊNCIA. 1. Ação civil pública de preceito cominatório de obrigação de fazer, ajuizada pelo Ministério Público do Estado de Santa Catarina tendo vista a violação do direito à saúde de mais de 6.000 (seis mil) crianças e adolescentes, sujeitas a tratamento médico-cirúrgico de forma irregular e deficiente em hospital infantil daquele Estado. 2. *O direito constitucional*

à absoluta prioridade na efetivação do direito à saúde da criança e do adolescente é consagrado em norma constitucional reproduzida nos arts. 7º e 11 do Estatuto da Criança e do Adolescente: "Art. 7º A criança e o adolescente têm direito a proteção à vida e à saúde, mediante a efetivação de políticas sociais públicas que permitam o nascimento e o desenvolvimento sadio e harmonioso, em condições dignas de existência". "Art. 11. É assegurado atendimento médico à criança e ao adolescente, através do Sistema Único de Saúde, garantido o acesso universal e igualitário às ações e serviços para promoção, proteção e recuperação da saúde." 3. Violação de lei federal. 4. *Releva notar que uma Constituição Federal é fruto da vontade política nacional, erigida mediante consulta das expectativas e das possibilidades do que se vai consagrar, por isso que cogentes e eficazes suas promessas, sob pena de restarem vãs e frias enquanto letras mortas no papel. Ressoa inconcebível que direitos consagrados em normas menores como Circulares, Portarias, Medidas Provisórias, Leis Ordinárias tenham eficácia imediata e os direitos consagrados constitucionalmente, inspirados nos mais altos valores éticos e morais da nação sejam relegados a segundo plano. Prometendo o Estado o direito à saúde, cumpre adimpli-lo, porquanto a vontade política e constitucional, para utilizarmos a expressão de Konrad Hesse, foi no sentido da erradicação da miséria que assola o país. O direito à saúde da criança e do adolescente é consagrado em regra com normatividade mais do que suficiente, porquanto se define pelo dever, indicando o sujeito passivo,* in casu, *o Estado. 5. Consagrado por um lado o dever do Estado, revela- -se, pelo outro ângulo, o direito subjetivo da criança.* Consectariamente, em função do princípio da inafastabilidade da jurisdição consagrado constitucionalmente, a todo direito corresponde uma ação que o assegura, sendo certo que todas as crianças nas condições estipuladas pela lei encartam-se na esfera desse direito e podem exigi-lo em juízo. A homogeneidade e transindividualidade do direito em foco enseja a propositura da ação civil pública. 6. A determinação judicial desse dever pelo Estado, não encerra suposta ingerência do judiciário na esfera da administração. *Deveras, não há discricionariedade do administrador frente aos direitos consagrados, quiçá constitucionalmente. Nesse campo a atividade é vinculada sem admissão de qualquer exegese que vise afastar a garantia pétrea.* 7. Um país cujo preâmbulo constitucional promete a disseminação das desigualdades e a proteção à dignidade humana, alçadas ao mesmo patamar da defesa da Federação e da República, não pode relegar o direito à saúde das crianças a um plano diverso daquele que o coloca, como uma das mais belas e justas garantias constitucionais. 8. Afastada a tese descabida da discricionariedade, a única dúvida que se poderia suscitar resvalaria na natureza da norma ora sob enfoque, se programática ou definidora de direitos. Muito embora a matéria seja, somente nesse particular, constitucional, porém sem importância revela-se essa categorização, *tendo em vista a explicitude do ECA, inequívoca se revela a normatividade suficiente à promessa constitucional, a ensejar a acionabilidade do direito consagrado no preceito educacional.* 9. As meras diretrizes traçadas pelas políticas públicas não são ainda direitos senão promessas de *lege ferenda*, encartando-se na esfera insindicável pelo Poder Judiciário, qual a da oportunidade de sua implementação. 10. *Diversa é a hipótese segundo a qual a Constituição Federal consagra um direito e a norma infraconstitucional o explicita, impondo-se ao judiciário torná-lo realidade, ainda que para isso, resulte obrigação de fazer, com repercussão na esfera orçamentária.* 11. Ressoa evidente que toda imposição jurisdicional à Fazenda Pública implica em dispêndio e atuar, sem que isso infrinja a harmonia dos poderes, porquanto no regime democrático e no estado de direito o Estado soberano submete-se à própria justiça que instituiu. Afastada, assim, a ingerência entre os poderes, o judiciário, alegado o malferimento da lei, nada mais fez do que cumpri-la ao determinar a realização prática da promessa constitucional. 12. *O direito do menor à absoluta*

CAPÍTULO 3 – CONSTITUCIONALIZAÇÃO E O DIREITO DA CRIANÇA E DO ADOLESCENTE

ou, ainda, põe-se em rota de colisão com valores fundamentais como a igualdade.[231]

A Doutrina, por sua vez, desempenha o papel de alicerce teórico para o desenvolvimento do processo de constitucionalização do Direito, compreendendo o esforço de mudança de paradigma, racionalidade e de modificação das estruturas dogmáticas consolidadas:

> Segundo Schuppert e Bumke, ainda que os atores principais da constitucionalização do direito sejam o legislador e os juízes, o imprescindível alicerce teórico para o processo só pode ser desenvolvido pela doutrina. Mas a sua participação no processo de constitucionalização do direito não é algo uniforme e varia sensivelmente de acordo com o campo do direito de que se trata.[232]

No Direito da Criança e do Adolescente é possível verificar um esforço doutrinário, especialmente dos profissionais do Sistema de Justiça da Infância e Adolescência, para consolidação dos princípios e valores constitucionais e estatutários que versam sobre a proteção integral infantojuvenil. Por todos,

---

prioridade na garantia de sua saúde, insta o Estado a desincumbir-se do mesmo através da sua rede própria. Deveras, colocar um menor na fila de espera e atender a outros, é o mesmo que tentar legalizar a mais violenta afronta ao princípio da isonomia, pilar não só da sociedade democrática anunciada pela Carta Magna, mercê de ferir de morte a cláusula de defesa da dignidade humana. 13. Recurso especial provido para, reconhecida a legitimidade do Ministério Público, prosseguir-se no processo até o julgamento do mérito". STJ, REsp 577836 / SC, Rel. Min. Luiz Fux, j. 21 Out. 2004. DJ 28 Fev. 2005. *[grifo nosso]*.

[231] Caso ocorrido na Justiça do Estado de Santa Catarina em que o Ministério Público postulava tutela antecipada em favor de uma criança com problemas auditivos. Não se aplicou integralmente a garantia da prioridade absoluta por entender a Corte que, no caso, deferindo-se a tutela antecipada, beneficiaria uma criança em detrimento de outras que se encontravam na mesma fila de espera, hipótese que causaria afronta ao princípio da igualdade. Decidiu o Relator: "Em decorrência do princípio constitucional da prioridade, asseguro o direito do infante a receber o aparelho auditivo com prioridade sobre os adultos, respeitando-se, no entanto, a ordem de inscrição de outras crianças e adolescentes e os procedimentos administrativos indispensáveis à aquisição do citado equipamento. [...] *Em que pese a Constituição Federal assegurar à criança e ao adolescente prioridade absoluta de direitos, impossível se torna beneficiar um menor em detrimento de outros, sob pena de afronta ao princípio da igualdade"*. TJSC, Agravo de Instrumento n. 2003.005191-0, de Imbituba, Rel. Des. Luiz Cézar Medeiros, j. 11 Ago. 2003. *[grifo nosso]*.

[232] SILVA, Virgílio Afonso da. Op. cit., p. 44-45.

ilustra-se esse agir doutrinário com trecho da tese da deontologia jurídico-protetiva dos direitos da criança e do adolescente, defendida por Mário Luiz Ramidoff:

> Ressalte-se, porém, que a mera inscrição no texto constitucional, por opção política, de uma síntese da doutrina da proteção integral, enquanto diretriz internacional dos direitos humanos, quando não, o próprio advento do Estatuto da Criança e do Adolescente, certamente, não podem ser reduzidos a meras falácias politicistas e garantistas, haja vista que se torna imperioso a aplicação/efetividade daqueles valores optados e objetivados, agora sim, através de uma estratégia doutrinária/interpretativa que, muito além de oferecer princípios, oportunize a mudança de comportamento dos diversos construtores sócio-jurídicos, convertendo-os culturalmente para a promoção e proteção daqueles valores personalíssimos, de cunho fundamental. [...] A doutrina da proteção integral, desta forma, é um novo paradigma epistemológico deste novo direito especificamente próprio aos interesses individuais, difusos e coletivos da infância e da juventude.[233]

3.4. Constitucionalização como obra da jurisdição constitucional

Para o constitucionalista Luís Roberto Barroso, "a constitucionalização do Direito se realiza, sobretudo, pela interpretação conforme a Constituição, nas suas múltiplas expressões".[234]

Sendo o fenômeno da constitucionalização uma ideia associada a um efeito expansivo das normas constitucionais, cujo conteúdo material e axiológico é irradiado, com força normativa, por todo o sistema jurídico, Luís Roberto Barroso ressalta haver repercussão de tal efeito sobre a atuação dos três Poderes assim como sobre, e entre, os particulares:

---

[233] RAMIDOFF, Mário Luiz. *Direito da criança e do adolescente:* teoria jurídica da proteção integral. Curitiba: Vicentina, 2008, p. xxvii, xxx.
[234] BARROSO, Luís Roberto. Op. cit., p. 399.

CAPÍTULO 3 – CONSTITUCIONALIZAÇÃO E O DIREITO DA CRIANÇA E DO ADOLESCENTE

Relativamente ao *Legislativo*, a constitucionalização (i) limita sua discricionariedade ou liberdade de conformação na elaboração das leis em geral e (ii) impõe-lhe determinados deveres de atuação para realização de direitos e programas constitucionais. No tocante à *Administração Pública*, além de igualmente (i) limitar-lhe a discricionariedade e (ii) impor-lhe deveres de atuação, ainda (iii) fornece fundamento de validade para a prática de atos de aplicação direta e imediata da Constituição, independentemente da interposição do legislador ordinário. Quanto ao *Poder Judiciário*, (i) serve de parâmetro para o controle de constitucionalidade por ele desempenhado (incidental e por ação direta), bem como (ii) condiciona a interpretação de todas as normas do sistema. Por fim, para os *particulares*, estabelece limitações à sua autonomia da vontade, em domínios como a liberdade de contratar ou o uso da propriedade privada, subordinando-a a valores constitucionais e ao respeito a direitos fundamentais.[235]

O marco inicial do processo de constitucionalização do Direito pode ser visualizado no caso *Lüth*[236], julgado em 1958 pelo Tribunal Constitucional Federal da Alemanha; sendo, pois, segundo Luís Roberto Barroso, "o primeiro grande precedente na matéria".[237] Assentou a Corte Constitucional alemã que os direitos fundamentais eram, em primeira linha, direitos de resistência do cidadão contra o Estado, assim como às normas de direito fundamental incorporar-se-ia também um ordenamento axiológico objetivo, valendo para

---

[235] Ibid., p. 352.
[236] Erich Lüth, cidadão alemão, conclamou a todos, no início da década de 1950, um boicote do filme lançado por Veit Harlan, antiga celebridade do cinema nazista. Foi ajuizada ação cominatória contra Lüth com base no Código Civil alemão (BGB) que obrigava a todo aquele que, por ação imoral, causasse dano a outrem, uma prestação negativa, sob cominação de uma pena pecuniária. A demanda foi julgada procedente pela Corte Estadual de Hamburgo. Foi interposta apelação ao Tribunal Superior e Reclamação Constitucional alegando violação de direito fundamental à liberdade de expressão do pensamento. O Tribunal Constitucional Federal julgou a Reclamação procedente e revogou a decisão do Tribunal de Hamburgo. Trata-se da decisão mais conhecida e citada da jurisprudência constitucional alemã. Para uma análise completa do caso com ementa, contexto histórico, excertos da decisão e análise crítica, cf. DIMOULIS, Dimitri; MARTINS, Leonardo. *Teoria geral dos direitos fundamentais*. 2 ed. São Paulo: Revista dos Tribunais, 2009, p. 235-251.
[237] BARROSO, Luís Roberto. Op. cit., p. 355.

todas as áreas do Direito como fundamental decisão constitucional.[238] Foram lançadas então as bases dogmáticas para eficácia horizontal dos direitos fundamentais. Dessa maneira, o caso *Lüth* influenciou a jurisprudência dos tribunais ordinários, "ao mesmo tempo em que possibilitou o desenvolvimento não somente da dogmática da liberdade de expressão como de toda a teoria geral dos direitos fundamentais".[239]

A constitucionalização do Direito no cenário brasileiro pode ser analisada, segundo essa doutrina constitucional, tanto pela incorporação do direito infraconstitucional na Constituição da República de 1988 quanto pela constitucionalização do direito infraconstitucional.

No que tange a incorporação do direito infraconstitucional na Constituição Cidadã, o referido constitucionalista brasileiro observa que o texto final da Carta de 1988 conteve os principais aspectos dos principais ramos do direito infraconstitucional (administrativo, civil, penal, trabalho, processual civil e penal, financeiro e orçamentário, tributário e internacional), ocorrendo, assim, ascensão de princípios e regras específicos à Constituição, mudando, pois, a dinâmica de sua interação com as demais normas e passando a ter caráter subordinante.[240]

Quanto a essa peculiaridade da ascensão de normas infraconstitucionais à Constituição de 1988, no que tangencia o Direito da Criança e do Adolescente, pode-se verificar, segundo Luís Roberto Barroso[241], que em tema de direito civil contemplou-se no texto constitucional normas de proteção da criança e do adolescente e em matéria de direito penal, há norma sobre inimputabilidade dos menores de 18 anos (artigos 227 e 228).

Em relação à constitucionalização do direito infraconstitucional ocorreu o deslocamento do Código Civil de 1916 – que já vinha perdendo influência, pois leis específicas foram editadas passando a formar microssistemas autônomos (como o Direito da Criança e do Adolescente) – cedendo espaço para a Constituição que veio a ocupar o centro do sistema jurídico:

---

[238] DIMOULIS, Dimitri; MARTINS, Leonardo. Op. cit., p. 235-236.
[239] Ibid., p. 251.
[240] BARROSO, Luís Roberto. Op. cit., p. 360-362.
[241] Ibid., p. 360.

CAPÍTULO 3 – CONSTITUCIONALIZAÇÃO E O DIREITO DA CRIANÇA E DO ADOLESCENTE

A partir de 1988, e mais notadamente nos últimos cinco ou dez anos, a Constituição passou a desfrutar já não apenas da supremacia formal que sempre teve, mas também de uma supremacia material, axiológica, potencializada pela abertura do sistema jurídico e pela normatividade de seus princípios. Com grande ímpeto, exibindo força normativa sem precedente, a Constituição ingressou na paisagem jurídica do país e no discurso dos operadores jurídicos.[242]

O fenômeno da constitucionalização do direito infraconstitucional também é denominado de *filtragem constitucional* que significa vincular toda ordem jurídica à leitura e apreensão através da Constituição, consistindo, assim, em uma reinterpretação dos institutos sob a ótica constitucional, segundo Luís Roberto Barroso.[243]

Por essa concepção, pode-se afirmar ter ocorrido o fenômeno da *filtragem constitucional* do Código de Menores de 1979 com a ordem constitucional de 1988, pois, sob a ótica do artigo 227 da Constituição Cidadã, aquela lei ordinária era incompatível com os novos valores constitucionais, vindo, pois, a ser revogada expressamente pela *lei constitucionalizadora* de 13 de julho de 1990, o Estatuto da Criança e do Adolescente.

Sobre os mecanismos de atuação prática da constitucionalização do Direito, Luís Roberto Barroso assevera que a realização concreta da supremacia formal e axiológica da Constituição envolve técnicas e possibilidades interpretativas, destacando-se: (i) a aplicação direta da Lei Maior; (ii) declaração de inconstitucionalidade de normas com ela incompatíveis; (iii) interpretação conforme a Constituição para atribuição de sentido às normas jurídicas em geral.[244]

No que tange ao Direito da Criança e do Adolescente, um caso envolvendo a aplicação da técnica da interpretação conforme a Constituição pelo Supremo Tribunal Federal foi o acórdão da Ação Direta de Inconstitucionalidade nº 3.463, ajuizada pelo Procurador-Geral da República, em que postulava a declaração de inconstitucionalidade de norma inserida em Ato das Disposições

---

[242] BARROSO, Luís Roberto. Op. cit., p. 362.
[243] Ibid., p. 363.
[244] Ibid., p. 364, 382.

Constitucionais Transitórias da Constituição do Estado do Rio de Janeiro que previa a participação do Ministério Público no Conselho Estadual de Defesa da Criança e do Adolescente.[245] O Relator, Ministro Carlos Ayres Britto, propôs um ponderado equacionamento do feito através do manejo dessa técnica de controle:

> Entre os direitos constitucionais sob a vigilância tutelar do Ministério Público, sobreleva a defesa da criança e do adolescente, conforme ressai desses dois dispositivos da nossa Constituição Federal [art. 227 e art. 129, inciso II]. Daqui se infere que a participação conjunta do *Parquet* e de outros órgãos *"encarregados da execução da política de atendimento à infância e à juventude"* (parágrafo único do art. 51 do ADCT da Constituição fluminense) num Conselho instituído para prestar assistência *"à infância e à juventude"* não significa o Ministério Público a desempenhar função estranha aos seus misteres institucionais. No ponto, ao contrário do Procurador-Geral da República, penso que o art. 51 do ADCT e o seu parágrafo único não conferem competência ao Ministério Público fluminense. [...] Nesse contexto, é possível conciliar as coisas. *Penso que a possibilidade de participação do Ministério Público fluminense no Conselho Estadual de Defesa da Criança e do Adolescente não é inconstitucional*, se se entender que o *Parquet* comporá esse órgão enquanto membro convidado e sem direito a voto. Exatamente como se dá, por ilustração, com a participação do Ministério Público Federal no Conselho Nacional de Meio Ambiente – Conama, conforme o inciso I do § 1º do art. 5º do Decreto 99.274, de 6 de junho de 1990. [...] *Vê-se, portanto, que oportunidade para a "interpretação conforme a Constituição existe sempre que determinada disposição legal oferece diferentes possibilidades*

---

[245] Art. 51 - Fica criado o Conselho Estadual de Defesa da Criança e do Adolescente, como órgão normativo, consultivo, deliberativo e controlador da política integrada de assistência à infância e à juventude.
Parágrafo único – A lei disporá sobre a organização, composição e funcionamento do Conselho, garantindo a participação de representantes do Poder Judiciário, *Ministério Público*, Defensoria Pública, Ordem dos Advogados do Brasil, órgãos públicos encarregados da execução da política de atendimento à infância e à juventude, assim como, em igual número, de representantes de organizações populares de defesa dos direitos da criança e do adolescente, legalmente constituídas e em funcionamento há pelo menos um ano.

CAPÍTULO 3 – CONSTITUCIONALIZAÇÃO E O DIREITO DA CRIANÇA E DO ADOLESCENTE

de interpretação, sendo algumas delas incompatíveis com a própria Constituição". Logo, contendo o texto impugnado mais de uma base significativa ou relato deôntico, sou pela atribuição de interpretação conforme a Constituição ao parágrafo único do art. 51 do ADCT da Carta fluminense, para assentar que a participação do Ministério Público no Conselho Estadual de Defesa da Criança e do Adolescente deve se dar na condição de membro convidado e sem direito a voto. [246]

O jurista Luís Roberto Barroso manifesta que a constitucionalização do Direito, somado fatores outros como aumento da demanda por justiça e ascensão institucional do Judiciário, gerou no Brasil a judicialização de questões políticas e sociais de forma excessiva, passando essas questões a ter nos tribunais a sua instância decisória final[247], como se pode verificar em relação às políticas públicas, tema que será analisado no item 3.7.

Nada obstante, o renomado constitucionalista brasileiro salienta que não deve passar despercebido a questão da *constitucionalização exacerbada*, que pode

---

[246] O referido acórdão foi assim ementado: AÇÃO DIRETA DE INCONSTITUCIONALIDADE. PARÁGRAFO ÚNICO DO ART. 51 DO ATO DAS DISPOSIÇÕES CONSTITUCIONAIS TRANSITÓRIAS DA CONSTITUIÇÃO DO ESTADO DO RIO DE JANEIRO. CONSELHO ESTADUAL DE DEFESA DA CRIANÇA E DO ADOLESCENTE. 1. O rol de atribuições conferidas ao Ministério Público pelo art. 129 da Constituição Federal não constitui *numerus clausus*. O inciso IX do mesmo artigo permite ao Ministério Público *"exercer outras funções que lhe forem conferidas, desde que compatíveis com sua finalidade, sendo-lhe vedada a representação judicial e a consultoria jurídica de entidades públicas"*. 2. O art. 51 do Ato das Disposições Transitórias da Constituição do Estado do Rio de Janeiro não confere competência ao Ministério Público fluminense, mas apenas cria o Conselho Estadual de Defesa da Criança e do Adolescente, garantindo a possibilidade de participação do Ministério Público. Possibilidade que se reputa constitucional porque, entre os direitos constitucionais sob a vigilância tutelar do Ministério Público, sobreleva a defesa da criança e do adolescente. Participação que se dá, porém, apenas na condição de membro convidado e sem direito a voto. 3. Inconstitucionalidade da expressão "Poder Judiciário", porquanto a participação de membro do Poder Judicante em Conselho administrativo tem a potencialidade de quebrantar a necessária garantia de imparcialidade do julgador. 4. Ação que se julga parcialmente procedente para: a) conferir interpretação conforme à Constituição ao parágrafo único do art. 51 do ADCT da Constituição do Estado do Rio de Janeiro a fim de assentar que a participação do Ministério Público no Conselho Estadual de Defesa da Criança e do Adolescente deve se dar na condição de membro convidado sem direito a voto; b) declarar a inconstitucionalidade da expressão "Poder Judiciário". STF, ADI 3.463/RJ, Rel. Min. Ayres Britto, j. 27 Out. 2011, DJe 8 Nov. 2011.

[247] BARROSO, Luís Roberto. Op. cit., p. 383.

trazer consequências negativas, seja de natureza política, como o esvaziamento do poder das maiorias pelo engessamento da legislação ordinária, seja de natureza metodológica, verificada com o decisionismo judicial, potencializado pela abertura das normas constitucionais.[248]

No Direito da Criança e do Adolescente é possível encontrar demandas por mais constitucionalização – aqui entendida no sentido de incorporação ao texto constitucional de tema afeto à legislação ordinária – como a ideia de uma Proposta de Emenda à Constituição (PEC) para tratar dos Conselhos Tutelares e dos Conselhos de Direitos, já previstos no Estatuto da Criança e do Adolescente:

> [...] projetos de lei em discussão no Congresso Nacional não serão suficientes, porque não colocam a Justiça Eleitoral como responsável pela eleição dos conselheiros tutelares. Hoje, quando se fala em Município, invariavelmente se pensa em prefeito, se pensa em vereador. Não se pensa, contudo, em Conselho Tutelar e em Conselho dos Direitos. Aprovada uma emenda constitucional colocando-os na Constituição Federal, automaticamente, quando se falar em Município, se pensará na prioridade absoluta a crianças e adolescentes e no primeiro órgão estatal de exigência dessa prioridade: os Conselhos Tutelares. [...] Há que se pensar em proposta de emenda à Constituição para que a mudança de governo não gere alterações nessa estrutura, como tem ocorrido desde 1993, sem qualquer consulta ao próprio CONANDA [Conselho Nacional dos Direitos da Criança e do Adolescente].[249]

3.5. Modelo constitucional inflacionado e a constitucionalização

Para Daniel Sarmento a Constituição tornou-se ubíqua, estando nos tribunais, nos debates parlamentares e nas reivindicações da sociedade civil. Os mais relevantes conflitos políticos e sociais são equacionados a partir da Constituição.

---

[248] Ibid., p. 391.
[249] QUADROS, Pedro Oto. *Análise comparativa da estrutura e condições de funcionamento do Conselho Nacional dos Direitos da Criança e do Adolescente da criação até 2010*. Fórum Nacional de Defesa da Criança e do Adolescente – Fórum Nacional DCA: Brasília, maio-jul., 2010, p. 26. (mimeo).

CAPÍTULO 3 – CONSTITUCIONALIZAÇÃO E O DIREITO DA CRIANÇA E DO ADOLESCENTE

Se antes, no cenário brasileiro, importava saber o que pensavam as Forças Armadas, agora, o mais relevante, segundo o autor, é examinar minuciosamente como o Supremo Tribunal Federal interpretará as normas constitucionais incidentes ao caso.[250]

Analisando as circunstâncias sociais e políticas do período da Assembleia Constituinte de 1987-1988, entende Daniel Sarmento serem compreensíveis as razões que levaram ao modelo constitucional inflacionado, pois todas as forças políticas, durante a Constituinte, desejavam assegurar seus interesses e suas bandeiras, querendo ver estampado no texto, da forma mais clara e minuciosa possível, a garantia do direito ou interesse por que lutavam. Dessa maneira, gerou-se o que o autor denomina de "banalização constitucional", porém, alerta ser "melhor curvar-se aos exageros do constituinte do que submeter-se ao arbítrio do intérprete de ocasião".[251]

Por suas características intrínsecas – no que compreende a "inflação constitucional" – a Constituição da República de 1988, segundo Daniel Sarmento, favoreceu duas formas de constitucionalização do Direito: (i) a constitucionalização pela direta regulação constitucional de matéria outrora confiada à discrição do legislador, decorrente do maior detalhamento do texto magno e (ii) a constitucionalização pela filtragem constitucional do ordenamento jurídico, decorrente de construções operadas pelo intérprete.[252]

A análise realizada por Daniel Sarmento, sobretudo quanto às formas de constitucionalização do Direito, é bem próxima daquelas já analisadas anteriormente, tendo-se optado pela breve exposição da visão do referido constitucionalista em razão de sua observação sobre o "modelo constitucional inflacionado", pois algumas normas referentes ao Direito da Criança e do Adolescente poderiam ser classificadas como fatores dessa inflação, como alguns dispositivos do artigo 227. Nesse sentido, inclusive, o constitucionalista José Afonso da Silva se aproxima dessa visão quando afirma:

> A Constituição é minuciosa e redundante na previsão de direitos e situações subjetivos de vantagens das crianças, adolescentes e do jovem,

---

[250] SARMENTO, Daniel. Op. cit., p. 113-115.
[251] Ibid., p. 133, 126.
[252] Ibid., p. 127.

especificando em relação a eles direitos já consignados para todos em geral, como os direitos previdenciários e trabalhistas, mas estatui importantes normas tutelares dos menores, especialmente dos órfãos e abandonados e dos dependentes de drogas e entorpecentes (art. 227, § 3º)".[253]

3.6. Constitucionalização simbólica

Em estudo sobre o significado social e político dos textos constitucionais na relação inversa da sua concretização normativo-jurídica, Marcelo Neves defende a tese da função simbólica dos diplomas normativos.

Analisa o autor a questão da discrepância entre "a função hipertroficamente simbólica" e a insuficiente concretização jurídica dos diplomas constitucionais, alertando que o problema não se reduz à tradicional discussão sobre ineficácia das normas constitucionais, mas diz respeito à função simbólica de textos constitucionais carentes de concretização.[254]

Nesse sentido, Marcelo Neves sugere que a constitucionalização simbólica pode ser verificada em dois sentidos: negativo e positivo.

A constitucionalização simbólica em sentido negativo diz respeito à insuficiente concretização normativo-jurídica, de forma generalizada, do texto constitucional. Há, nesse caso, ausência generalizada de orientação das expectativas normativas conforme as determinações dos dispositivos da Constituição. Ausente, igualmente, público-pluralista como participante do processo de concretização constitucional, não sendo as disposições constitucionais relevantes para os órgãos estatais vinculados à sua interpretação/aplicação. Tem-se um texto constitucional includente contrapondo-se com uma realidade constitucional excludente.[255]

Por outro lado, a constitucionalização simbólica em sentido positivo relaciona-se à função simbólica das Constituições normativas, vinculada à

---

[253] SILVA, José Afonso da. *Curso de direito constitucional positivo*. 35 ed. São Paulo: Malheiros, 2012, p. 853.
[254] NEVES, Marcelo. *A constitucionalização simbólica*. 3 ed. São Paulo: Martins Fontes, 2011, p. 1.
[255] Ibid., p. 90-94.

relevância jurídico-instrumental. Há, nessa hipótese, amplo grau de concretização normativa das disposições constitucionais.[256]

Além disso, a constitucionalização simbólica desempenha função ideológica e, assim, transmite um modelo cuja realização só seria possível sob condições sociais totalmente diversas, que não se confunde com *constitucionalismo aparente*, pois este implica representação ilusória em relação à realidade constitucional.

Identifica o autor três formas de manifestações da constitucionalização simbólica: (i) destinada à corroboração de determinados valores sociais; (ii) a Constituição como fórmula de compromisso dilatório; (iii) constitucionalização-álibi, em que há demonstração de capacidade de ação do Estado.[257]

Sobre a experiência da constitucionalização simbólica brasileira, que pode ser aplicada também em relação aos direitos constitucionais da criança e do adolescente, Marcelo Neves aponta a "função hipertroficamente simbólica" das Constituições nominalistas brasileiras de 1824, 1891, 1934, 1946 e 1988, sem negar funções simbólicas às Constituições instrumentalistas de 1937 e 1967, observando, todavia, que nestas ocorreu "instrumentalismo constitucional" e não uma constitucionalização simbólica.[258]

A Constituição de 1824, para o autor, desempenhou função político-simbólica, com ineficácia jurídica do texto constitucional e eficiência política como mecanismo simbólico de legitimação.[259]

Já a Carta de 1891 atuava como meio de identificação simbólica da experiência político-jurídica nacional com a norte-americana, havendo invocação retórica dos valores liberais e democráticos consagrados no documento constitucional e que acabavam por funcionar como álibis dos "donos do poder" perante a realidade social ou como "provas" de suas "boas intenções".[260]

Na Constituição de 1934 há afirmação de valores social-democráticos que passam a ser a nova variável simbólica neste modelo constitucional.[261]

---

[256] Ibid., p. 95-101.
[257] Ibid., p. 101-102.
[258] Ibid., p. 177.
[259] Ibid., p. 180.
[260] Ibid., p. 181.
[261] Ibid., p. 182.

A Constituição de 1937 não desenvolveu amplamente uma experiência de constitucionalização simbólica.[262]

Com a Carta de 1946, a constitucionalização simbólica de base social-democrática é retomada, entretanto, a realização do modelo constitucional é transferida para futuro incerto e atribuída aos próprios detentores do poder. O texto constitucional só funcionava como símbolo político enquanto não emergiam tendências sociais para a sua concretização normativa generalizada.[263]

No período do regime militar, com a Carta de 1967 e a Emenda de 1969, tem-se um período de constitucionalismo instrumental autoritário iniciado em 1964.

Salienta o autor que a constitucionalização simbólica de orientação social-democrática é restabelecida e fortificada com o texto constitucional de 1988, tendo havido uma crença pré-constituinte na restauração e recuperação da legitimidade, subjazendo certo grau de idealismo constitucional: "o contexto social da Constituição a ser promulgada já apontava para limites intransponíveis à sua concretização generalizada".[264]

Marcelo Neves conclui quanto à experiência da constitucionalização simbólica brasileira:

> O contexto da constitucionalização simbólica proporciona o surgimento de movimentos e organizações sociais envolvidos criticamente na realização dos valores proclamados solenemente no texto constitucional e, portanto, interligados na luta política pela ampliação da cidadania.[265]

---

[262] Ibid., p. 182.
[263] Ibid., p. 182.
[264] Ibid., p. 183.
[265] Ibid., p. 188-189.

3.7. Constitucionalização das políticas públicas[266]

Ana Paula de Barcellos analisa a constitucionalização das políticas públicas em matéria de direitos fundamentais e traça a seguinte linha de raciocínio: compete à Administração Pública efetivar os comandos gerais contidos na ordem jurídica e, em particular, garantir e promover os direitos fundamentais em caráter geral.[267]

Nesse sentido, para que isso seja possível, será necessário implementar ações governamentais de diferentes tipos e garantir a prestação de determinados serviços públicos. Assim, será preciso implementar políticas públicas, pois apenas por meio destas que o Estado poderá, de forma sistemática e abrangente, realizar os fins previstos na Constituição, e, por vezes, detalhados pela legislação infraconstitucional.

Em síntese, segundo a autora, pode-se compreender da seguinte forma essa relação entre constitucionalização do Direito e o campo das políticas públicas: (i) a Constituição estabelece como um de seus fins essenciais a garantia e a promoção dos direitos fundamentais; (ii) as políticas públicas constituem o meio pelo qual os fins constitucionais podem ser realizados de forma sistemática e abrangente; (iii) as políticas públicas envolvem gastos de dinheiro público; (iv) os recursos públicos são limitados e é preciso fazer escolhas; (v) a Constituição vincula as escolhas em matéria de políticas públicas e o gasto dos recursos públicos.[268]

---

[266] Cabe advertir que este item aborda, de modo geral, tão somente, a relação entre o fenômeno da constitucionalização do Direito e as políticas públicas, dentro do contexto da judicialização destas, colacionando ao final dois julgados do Supremo Tribunal Federal representativos para o Direito da Criança e do Adolescente. Optou-se por adotar a abordagem da autora Ana Paula de Barcellos que escreveu especificamente sobre esta relação. Compreende-se que a abordagem jurídica das políticas públicas é um campo muito mais complexo e, por isso, indica-se ao leitor a bibliografia especializada de Maria Paula Dallari Bucci: *Direito Administrativo e Políticas Públicas*. São Paulo: Saraiva, 2002; *Políticas Públicas*: reflexões sobre o conceito jurídico. São Paulo: Saraiva, 2006; *Fundamentos para uma Teoria Jurídica das Políticas Públicas*. São Paulo: Saraiva, 2013.
[267] BARCELLOS, Ana Paula de. Constitucionalização das políticas públicas em matéria de direitos fundamentais: o controle político-social e o controle jurídico no espaço democrático. In: SOUZA NETO, Cláudio Pereira de; SARMENTO, Daniel (orgs.). Op. cit., p. 599-635.
[268] Ibid., p. 605.

Em relação à concretização dos direitos fundamentais de crianças e adolescentes através de políticas públicas, convém ressaltar que já houve manifestação do Supremo Tribunal Federal no sentido de determinar a execução municipal de programa específico de proteção a crianças e adolescentes vítimas de abuso e/ou exploração sexual[269], bem como criação de dois novos Conselhos Tutelares e disponibilização de recursos materiais e humanos aos Conselhos já existentes.[270] Esses dois casos ilustram o fenômeno da judicialização das

---

[269] A decisão vergastada do Tribunal de Justiça do Estado de Santa Catarina assentava que: "À Administração Pública, calcada no seu poder discricionário, compete estabelecer as políticas públicas sociais derivadas de normas programáticas, vedado ao Poder Judiciário interferir nos critérios de conveniência e oportunidade que norteiam as prioridades traçadas pelo Executivo". No STF, o Relator Ministro Celso de Mello decidiu: "o objetivo perseguido pelo legislador constituinte, em tema de proteção aos direitos da criança e do adolescente, traduz meta cuja não-realização qualificar-se-á como uma censurável situação de inconstitucionalidade por omissão imputável ao Poder Público, ainda mais se se tiver presente que a Lei Fundamental da República delineou, nessa matéria, um nítido programa a ser (necessariamente) implementado mediante adoção de políticas públicas consequentes e responsáveis". A decisão monocrática do Ministro foi assim ementada: "Crianças e Adolescentes vítimas de abuso e/ou exploração sexual. *Dever de proteção integral à infância e à juventude. Obrigação constitucional que se impõe ao poder público.* Programa Sentinela-Projeto Acordo. Inexecução, pelo Município de Florianópolis/SC, de referido programa de ação social cujo adimplemento traduz exigência de ordem constitucional. Configuração, no caso, de típica hipótese de omissão inconstitucional imputável ao município. Desrespeito à Constituição provocado por inércia estatal (RTJ 183/818-819). Comportamento que transgride a autoridade da Lei Fundamental (RTJ 185/794-796). *Impossibilidade de invocação, pelo Poder Público, da cláusula da reserva do possível sempre que puder resultar, de sua aplicação, comprometimento do núcleo básico que qualifica o mínimo existencial* (RTJ 200/191-197). *Caráter cogente e vinculante das normas constitucionais, inclusive daquelas de conteúdo programático, que veiculam diretrizes de políticas públicas. Plena legitimidade jurídica do controle das omissões estatais pelo Poder Judiciário. A colmatação de omissões inconstitucionais como necessidade institucional fundada em comportamento afirmativo dos juízes e tribunais e de que resulta uma positiva criação jurisprudencial do Direito. Precedentes do Supremo Tribunal Federal em tema de implementação de políticas públicas delineadas na Constituição da República* (RTJ 174/687 – RTJ 175/1212-1213 – RTJ 199/1219-1220). Recurso Extraordinário do Ministério Público Estadual conhecido e provido". STF, RE 482.611/SC, Rel. Min. Celso de Mello, decisão 23 Mar. 2010, DJe 6 Abr. 2010. *[grifo nosso].*

[270] Em decisão monocrática, o Ministro Celso de Mello fez constar: "a omissão do Município, que se abstém de instituir, de organizar e de fazer funcionar o Conselho Tutelar, representa frontal descumprimento da Constituição da República, pois a inércia do Poder Público local, além de onerar o Poder Judiciário (ECA, art. 262), frustrará o cumprimento das diretrizes constitucionais referentes à proteção e ao amparo às crianças e aos adolescentes. [...] O caráter programático da regra inscrita no art. 227 da Carta Política – que tem por destinatários todos os entes políticos que compõem, no plano institucional, a organização federativa do Estado

políticas públicas relacionadas à infância e adolescência no cenário jurídico brasileiro, sendo um dos efeitos colaterais da constitucionalização do Direito.

3.8. Constitucionalização e movimentos sociais

A constitucionalização do Direito, diz Daniel Sarmento, vai desafiar antigas fronteiras como Estado e sociedade civil, porque em uma ordem jurídica constitucionalizada, a Constituição não é apenas lei fundamental do Estado, mas lei fundamental da sociedade.[271]

Nesse diapasão, a Constituição Cidadã é a primeira das cartas brasileiras a ser incorporada, segundo o referido constitucionalista, "à gramática de reivindicação de direitos dos movimentos sociais". É de se ressaltar que nos últimos tempos, trabalhadores, negros, índios, sem-terra, ambientalistas, dentre outros grupos, têm passado a ver a Constituição como um importante instrumento nas suas lutas emancipatórias[272], como restou configurado no item 2.5 em relação aos direitos do jovem. Isto é efeito, em grande medida, da legitimação decorrente desde a construção democrática e popular-participativa durante a Assembleia Nacional Constituinte, que gerou uma identificação desses movimentos sociais com o conteúdo do texto constitucional.

Confirma-se, com isso, a doutrina da hermenêutica constitucional da sociedade aberta de intérpretes da Constituição[273], pois sempre que tais movimentos sociais (e também os demais setores da sociedade) vislumbram perda de direitos e uma possível incompatibilidade de determinada medida legislativa ou normativo-administrativa, levantam a bandeira e advogam a tese

---

brasileiro – impõe o reconhecimento de que *as normas constitucionais veiculadoras de programas de ação revestem-se de eficácia jurídica e dispõem de caráter cogente*". STF, RE 488.208 /SC, Rel. Min. Celso de Mello, decisão 31 Jul. 2013. DJe 2 Ago. 2013. *[grifo nosso]*.
[271] SARMENTO, Daniel. Op. cit., p. 122.
[272] Ibid., p. 125.
[273] Cf. HÄBERLE, Peter. *Hermenêutica constitucional*. A sociedade aberta dos intérpretes da Constituição: contribuição para a interpretação pluralista e "procedimental" da Constituição. Trad. Gilmar Ferreira Mendes. Porto Alegre: Sergio Antonio Fabris Editor, 1997. MAMARI FILHO, Luís Sérgio Soares. *A comunidade aberta de intérpretes da Constituição*: o *amicus curiae* como estratégia de democratização da busca do significado das normas. Rio de Janeiro: Lumen Juris, 2005.

da inconstitucionalidade, muitas vezes atuando como *amicus curiae* perante a Suprema Corte no processo de controle de constitucionalidade.

Assim, assevera Daniel Sarmento ter havido uma disseminação no âmbito da sociedade civil organizada quanto à visão da Constituição de 1988 como uma ferramenta útil nas incessantes batalhas pela afirmação dos direitos dos grupos desfavorecidos.[274]

A toda evidência que os Direitos da Criança e do Adolescente se inserem nesse contexto, pois os novos direitos infantojuvenis foram frutos de mobilização social que fez constar no texto da Constituição Cidadã a teoria jurídica da proteção integral prevista no artigo 227. Em seguida, o Legislador, com apoio popular, produziu o Estatuto da Criança e do Adolescente, além de ter incorporado ao ordenamento jurídico interno as normas constantes da Convenção das Nações Unidas sobre os Direitos da Criança. Tudo isso só foi possível por ter havido mobilização social.

É de se ressaltar que a mobilização em prol dos direitos da criança e do adolescente, fortemente articulada durante o período constituinte, conforme exposto no capítulo anterior, permanece nos dias atuais, como observa Benedito Rodrigues dos Santos:

> Os mais de 5 mil conselhos dos direitos e os mais de 4 mil e quinhentos conselhos tutelares mobilizam todos os dias mais de 70 mil conselheiros no país, aos quais se juntam milhares de defensores públicos, promotores e juízes da infância e juventude, gestores públicos comprometidos, incalculável número de provedores de serviços e ativistas dos direitos da criança; e a grata participação de milhares dos novos sujeitos de direitos: as crianças e adolescentes. Essa força viva compõe hoje uma mobilização social em favor dos direitos da criança e do adolescente sem precedentes na história do país. Obviamente, uma mobilização repleta de tensões e conflitos.[275]

---

[274] SARMENTO, Daniel. Op. cit., p. 125.
[275] SANTOS, Benedito Rodrigues dos. *18 anos do ECA: a inclusão de crianças e adolescentes no Estado de Direitos Brasileiro*. Inclusão Social, Brasília, v. 2, n. 2, p. 152-154, abr./set. 2007. Disponível em: <revista.ibict.br/inclusao/index.php/inclusao/article/viewFile/98/102 >. Acesso em: 20 Out. 2013.

É certo que ainda há muito por se fazer e construir em prol dos direitos da criança e do adolescente a fim de garantir a todos um desenvolvimento integral durante a infância e adolescência. Talvez isto seja uma utopia que move todos aqueles comprometidos com essa causa. Mas também a teoria constitucional, como lembra muito bem o constitucionalista Daniel Sarmento, precisa de utopia, porque as Constituições também pretendem falar ao coração das pessoas, inspirando algum sentimento constitucional entre os cidadãos. E, indaga o autor com muita pertinência, "o que é a constitucionalização do Direito – este projeto grandioso de remodelar toda a ordem jurídica para dar-lhe uma fisionomia compatível com os valores constitucionais de igualdade, liberdade, dignidade humana e solidariedade – senão uma bela utopia?".[276]

---

[276] SARMENTO, Daniel. Op. cit., p. 148.

CONCLUSÃO

O estudo propôs realizar uma análise e sistematização através de dúplice abordagem: dedutiva, indo-se do geral (formulações teóricas constitucionalistas) para o particular (direitos constitucionais da criança e do adolescente no contexto brasileiro); indutiva, correlacionando as diversas concepções teóricas acerca do fenômeno da constitucionalização do Direito a partir de uma inferência de suas aplicações práticas ao direito infantojuvenil, com apreciação de casos concretos dentro dos quadros teóricos selecionados.

Como percebido no decorrer do estudo, esse fenômeno pode ser caracterizado como um processo e, dessa forma, foi – e ainda é – empreendido por diversos atores e se desenvolve de diferentes formas.

Verifica-se que no decorrer do processo histórico brasileiro dos direitos infantojuvenis, as normas constitucionais relativas à infância cumpriam muito mais uma função simbólica, sem caráter normativo-vinculante concretizador. As normas que impactaram significativamente a vida de crianças e adolescentes foram aquelas emanadas do Direito do Menor, porém, destinadas predominantemente a um círculo específico de menores – aqueles enquadrados em situação irregular, com classe social definida.

Com o avanço do direito internacional dos direitos humanos, houve a especificação dos sujeitos de direitos e a elaboração de normas especiais protetivas à infância. Disso resultou a concepção da proteção integral garantida às pessoas em condição peculiar de desenvolvimento, sempre se levando em consideração o superior interesse da criança. Dessa maneira, houve uma influência recíproca entre o processo de constituição dos direitos em âmbito internacional e o processo nacional de elaboração dos novos direitos constitucionais de crianças e adolescentes.

Nesse contexto, o Brasil ratificou sem reservas a Convenção sobre os Direitos da Criança, com seus respectivos Protocolos Facultativos, incorporando preceitos internacionais protetivos no bloco de constitucionalidade, ao mesmo tempo em que o ordenamento jurídico nacional recebeu o Estatuto da Criança e do Adolescente como uma lei constitucionalizadora que revogou o antigo Código de Menores de 1979, além de avançar na concretude das prescrições do artigo 227 da Constituição da República, trazendo mudanças de conteúdo, método e gestão na área das políticas públicas de atendimento à infância e adolescência; consequências estas do processo de constitucionalização dos direitos da criança e do adolescente operado no período pós-Constituição Cidadã.

São esses os fundamentos epistemológicos da atual fase dos direitos da criança e do adolescente no Brasil. Quaisquer análises acerca de temas específicos, como maioridade penal, adoção, convivência familiar, ato infracional, dentre outros devem partir dessas bases de conhecimento constitucional se pretender a uma análise sistemática e de sólida fundamentação, pois como restou demonstrado, o fenômeno da constitucionalização dos direitos da criança e do adolescente é uma realidade, surgiu e tem se desenvolvido intrinsecamente com o constitucionalismo contemporâneo vigente no País.

REFERÊNCIAS BIBLIOGRÁFICAS

AGRA, Walber de Moura. *Curso de direito constitucional*. 6 ed. Rio de Janeiro: Forense, 2008.

AJOUZ, Igor. *O direito fundamental à assistência social e a distribuição de deveres entre o Estado e a família*. Florianópolis: Conceito Editorial, 2012.

ALEXY, Robert. *Constitucionalismo discursivo*. 3 ed. org./trad. Luís Afonso Heck. Porto Alegre: Livraria do Advogado Editora, 2011.

AMIN, Andréa Rodrigues. Evolução histórica do direito da criança e do adolescente. In: MACIEL, Kátia Regina Ferreira Lobo Andrade (coord.). *Curso de direito da criança e do adolescente*: aspectos teóricos e práticos. 6 ed. São Paulo: Saraiva, 2013.

_____. Princípios orientadores do direito da criança e do adolescente. In: MACIEL, Kátia Regina Ferreira Lobo Andrade (coord.). *Curso de direito da criança e do adolescente*: aspectos teóricos e práticos. 6 ed. São Paulo: Saraiva, 2013.

ARAÚJO, Caetano Ernesto Pereira de; MACIEL, Eliane Cruxên Barros de Almeida. A Comissão de Alto Nível: história da Emenda Constitucional nº 1, de 1969. In: BRASIL, SENADO FEDERAL. *A Constituição que não foi*: história da Emenda Constitucional nº 1, de 1969. Brasília: Senado Federal, 2002.

ASSOCIAÇÃO BRASILEIRA DE MAGISTRADOS E PROMOTORES DE JUSTIÇA DA INFÂNCIA E DA JUVENTUDE. *Direitos Humanos da Criança e do Adolescente: 18 anos do ECA e da Convenção sobre os Direitos da Criança, 20 anos da Constituição Federal*. Revista do XXII Congresso da ABMP, 9 a 11 de abril de 2008 – Florianópolis/SC.

AZEVEDO, Gislane Campos. *A tutela e o contrato de soldada:* a reinvenção do trabalho compulsório infantil. Revista História Social. Nº3. Campinas: 1996. Disponível em: <http://www.ifch.unicamp.br/ojs/index.php/rhs/article/view/85/94> . Acesso em: 14 Jan. 2014.

BALEEIRO, Aliomar. A Constituição de 1891. 3 ed. Brasília: Senado Federal, 2012. In: *Coleção Constituições Brasileiras*. v. 2. Brasília: Senado, 2012.

BARCELLOS, Ana Paula de. Constitucionalização das políticas públicas em matéria de direitos fundamentais: o controle político-social e o controle jurídico no espaço democrático. In: SOUZA NETO, Cláudio Pereira de; SARMENTO, Daniel (orgs.). *A constitucionalização do direito*: fundamentos teóricos e aplicações específicas. Rio de Janeiro: Lumens Juris, 2007.

BARRETO, Tobias. *Menores e loucos em direito criminal*. Atualizado pelo Dr. Afonso Celso Rezende. Campinas: Romana, 2003.

BARROSO, Luís Roberto. *Curso de direito constitucional contemporâneo*: os conceitos fundamentais e a construção do novo modelo. São Paulo: Saraiva, 2009.

_____. Neoconstitucionalismo e constitucionalização do direito – o triunfo tardio do direito constitucional no Brasil. In: SOUZA NETO, Cláudio Pereira de; SARMENTO, Daniel (orgs.). *A constitucionalização do direito*: fundamentos teóricos e aplicações específicas. Rio de Janeiro: Lumens Juris, 2007.

BONAVIDES, Paulo. *Constituinte e Constituição*: a democracia, o federalismo, a crise contemporânea. Fortaleza: EUFC, 1985.

BOTELHO, Rosana Ulhôa. *Juízes de Menores, Conservadorismo e Repressão na década de 1960*. Disponível em: <ser.bce.unb.br/index.php/textos/article/viewFile/6044/5003>. Acesso em: 12 Out. 2013.

BRASIL, SENADO FEDERAL. *A Constituição que não foi*: história da Emenda Constitucional nº 1, de 1969. Brasília: Senado Federal, 2002.

_____. *Coleção Constituições Brasileiras*. Brasília: Senado, 2012.

BUCCI, Maria Paula Dallari. *Direito administrativo e políticas públicas*. São Paulo: Saraiva, 2002.

_____. *Fundamentos para uma teoria jurídica das políticas públicas*. São Paulo: Saraiva, 2013.

_____. *Políticas públicas*: reflexões sobre o conceito jurídico. São Paulo: Saraiva, 2006.

CAMPOS, Francisco. *O Estado Nacional*: sua estrutura, seu conteúdo ideológico. Brasília: Senado Federal, 2001.

CANOTILHO, J.J. Gomes. *Direito constitucional e teoria da Constituição*. 7 ed. Coimbra: Almedina, 2003.

CARMELLO JUNIOR, Carlos Alberto. *A proteção jurídica da infância, da adolescência e da juventude*. São Paulo: Editora Verbatim, 2013.

CARVALHO, José Murilo de. A vida política. In: CARVALHO, José Murilo de (coord.). *A construção nacional* 1830-1889. v. 2. Rio de Janeiro: Objetiva, 2012.

_____. *Os bestializados*: o Rio de Janeiro e a República que não foi. 3 ed. São Paulo: Companhia das Letras, 1987.

_____. Perfis brasileiros. *D. Pedro II*. 2 ed. São Paulo: Companhia das Letras, 2007.

CARVALHO, Francisco Pereira de Bulhões. *Direito do menor*. Rio de Janeiro: Forense, 1977.

_____. *Falhas do Novo Código de Menores*. Rio de Janeiro: Forense, 1980.

CAVALLIERI, Alyrio. *Alyrio Cavallieri em depoimento a Cláudio Figueiredo*. Coleção Gente. Rio de Janeiro: Ed. Rio, 2005.

_____. *Direito do menor*. Rio de Janeiro: Freitas Bastos, 1976.

_____ (Org.). *Falhas do Estatuto da Criança e do Adolescente*. Rio de Janeiro: Forense, 1997.

CHAMBOULEYRON, Rafael. Jesuítas e as crianças no Brasil quinhentista. In: PRIORE, Mary Del (org.). *História das crianças no Brasil*. 6 ed. São Paulo: Contexto, 2009.

COELHO, Bernardo Leôncio Moura. *O bloco de constitucionalidade e a proteção à criança*. Revista de informação legislativa, v. 31, nº 123, p. 259-266, jul./set. de 1994. Disponível em: <http://www2.senado.leg.br/bdsf/item/id/176262>. Acesso em: 04 Nov. 2013.

REFERÊNCIAS BIBLIOGRÁFICAS

COSTA, Antonio Carlos Gomes da. A mutação social. In: *Brasil criança urgente*: a lei 8069/90, o que é preciso saber sobre os novos direitos da criança e do adolescente. São Paulo: Columbus, 1990.

_____. Comentário ao art. 6º. In: CURY, Munir (coord.). *Estatuto da criança e do adolescente comentado*: comentários jurídicos e sociais. 11 ed. São Paulo: Malheiros, 2011.

COUTO, Ronaldo Costa. *História indiscreta da ditadura e da abertura*: Brasil: 1964-1985. Rio de Janeiro: Editora Record, 1998.

DALLARI, Dalmo de Abreu. *A Constituição na vida dos povos*: da Idade Média ao Século XXI. 2 ed. São Paulo: Saraiva, 2013.

_____. Comentário ao Art. 4º. In: CURY, Munir (coord.). *Estatuto da criança e do adolescente comentado*: comentários jurídicos e sociais. 11 ed. São Paulo: Malheiros, 2011.

_____. *Elementos de teoria geral do Estado*. 32 ed. São Paulo: Saraiva, 2013.

DIMOULIS, Dimitri; MARTINS, Leonardo. *Teoria geral dos direitos fundamentais*. 2 ed. São Paulo: Revista dos Tribunais, 2009.

DOLINGER, Jacob. *Direito civil internacional*: a criança no direito internacional. v. 1. t. 2. Rio de Janeiro: Renovar, 2003.

FERRAZ JÚNIOR, Tercio Sampaio. *Introdução ao estudo do direito*: técnica, decisão, dominação. 6 ed. São Paulo: Atlas, 2012.

FREYRE, Gilberto. *Casa-Grande & Senzala*. Formação da família brasileira sob o regime da economia patriarcal. 51 ed. São Paulo: Global, 2006.

GALVÃO, Jorge Octávio Lavocat. *O neoconstitucionalismo e o fim do Estado de Direito*. São Paulo: Saraiva, 2014.

GUASTINI, Riccardo. A 'constitucionalização' do ordenamento jurídico e a experiência italiana. In: SOUZA NETO, Cláudio Pereira de; SARMENTO, Daniel (orgs.). *A constitucionalização do direito*: fundamentos teóricos e aplicações específicas. Rio de Janeiro: Lumens Juris, 2007.

HÄBERLE, Peter. *Hermenêutica constitucional*. A sociedade aberta dos intérpretes da Constituição: contribuição para a interpretação pluralista e "procedimental" da Constituição. Trad. Gilmar Ferreira Mendes. Porto Alegre: Sergio Antonio Fabris Editor, 1997.

LABANCA, Luís Edmundo. *Estatuto da Criança e do Adolescente anotado*. Rio de Janeiro: Forense, 1991.

MAMARI FILHO, Luís Sérgio Soares. *A comunidade aberta de intérpretes da Constituição*: o amicus curiae como estratégia de democratização da busca do significado das normas. Rio de Janeiro: Lumen Juris, 2005.

MARCILIO, Maria Luiza. A roda dos expostos e a criança abandonada na História do Brasil. 1726-1950. In: FREITAS, Marcos Cezar de (org.). *História social da infância no Brasil*. 8 ed. São Paulo: Cortez, 2011.

MAUAD, Ana Maria. A vida das crianças de elite durante o Império. In: PRIORE, Mary Del (org.). *História das crianças no Brasil*. 6 ed. São Paulo: Contexto, 2009.

MELO, Eduardo Rezende. *Crianças e adolescentes em situação de rua: direitos humanos e justiça*: uma reflexão crítica sobre a garantia de direitos humanos de crianças e adolescentes em situação de rua e o sistema de justiça no Brasil. São Paulo: Malheiros, 2011.

MENDES, Gilmar Ferreira; COELHO, Inocêncio Mártires; BRANCO, Paulo Gustavo Gonet. *Curso de direito constitucional*. 4 ed. São Paulo: Saraiva, 2009.

MOREIRA, Tânia Maria Salles. *Chacinas e falcatruas.* 2 ed. Rio de Janeiro: Lumen Juris, 2003.

NEVES, Marcelo. *A constitucionalização simbólica.* 3 ed. São Paulo: Martins Fontes, 2011.

NOGUEIRA, Octaciano. A Constituição de 1824. 3 ed. Brasília: Senado Federal, 2012. In: *Coleção Constituições brasileiras.* v. 1. Brasília: Senado, 2012

_____ (org.). *Doutrina constitucional brasileira.* Constituição de 1946. t. III. Brasília: Senado Federal, 2006.

NOVAES, Regina Célia Reyes et al. (org.). *Política nacional de juventude*: diretrizes e perspectivas. 2 ed. São Paulo: Conselho Nacional de Juventude; Fundação Friedrich Ebert, 2006.

OLIVEIRA, Siro Darlan; ROMÃO, Luis Fernando de França. *A história da criança por seu conselho de direitos.* Rio de Janeiro: Revan, 2015.

PAULA, Jônatas Luiz Moreira de. *História do direito processual brasileiro*: das origens lusas à Escola crítica do Processo. Barueri: Manole, 2002.

PEREIRA, Caio Mário da Silva. *Instituições de direito civil.* v. 5. 19 ed. Rio de Janeiro: Forense, 2011.

_____. O Estatuto da Criança e do Adolescente no quadro evolutivo do direito brasileiro. In: PEREIRA, Tânia da Silva (coord.). *Estatuto da Criança e do Adolescente – lei 8.069/90*: estudos sócio-jurídicos. Rio de Janeiro: Renovar, 1992

PIOVESAN, Flávia. *Direitos humanos e o direito constitucional internacional.* 14 ed. São Paulo: Saraiva, 2013.

POIRIER, Marie-Pierre. 18 Anos da Convenção sobre os Direitos da Criança no contexto jurídico e social brasileiro – a visão do UNICEF. In: Associação Brasileira de Magistrados e Promotores de Justiça da Infância e da Juventude. *Direitos humanos da criança e do adolescente: 18 anos do ECA e da Convenção sobre os Direitos da Criança, 20 anos da Constituição Federal.* Revista do XXII Congresso da ABMP, 9 a 11 de abril de 2008 – Florianópolis/SC.

POLETTI, Ronaldo. A Constituição de 1934. 3 ed. Brasília: Senado Federal, 2012. In *Coleção Constituições brasileiras.* v. 3. Brasília: Senado, 2012.

PORTO, Walter Costa. A Constituição de 1937. 3 ed. Brasília: Senado Federal, 2012. In: *Coleção Constituições Brasileiras.* v. 4. Brasília: Senado, 2012.

PORTUGAL. *Código Filipino, ou, Ordenações e leis do reino de Portugal.* Recopiladas por mandado d'el-Rey D. Filipe I. Por Cândido Mendes de Almeida. Ed. fac-sim. 1º tomo. Brasília: Senado Federal, Conselho Editorial, 2012.

PRADO JR., Caio. *Formação do Brasil contemporâneo.* São Paulo: Companhia das Letras, 2011.

PRIORE, Mary Del. Apresentação. In: PRIORE, Mary Del (org.). *História das crianças no Brasil.* 6 ed. São Paulo: Contexto, 2009.

_____. O cotidiano da criança livre no Brasil entre a colônia e o império. In: PRIORE, Mary Del (org.). *História das crianças no Brasil.* 6 ed. São Paulo: Contexto, 2009.

QUADROS, Pedro Oto. *Análise comparativa da estrutura e condições de funcionamento do Conselho Nacional dos Direitos da Criança e do Adolescente da criação até 2010.* Fórum Nacional de Defesa da Criança e do Adolescente – Fórum Nacional DCA: Brasília, maio-jul., 2010. (mimeo).

RAMIDOFF, Mário Luiz. *Direito da criança e do adolescente*: teoria jurídica da proteção integral. Curitiba: Vicentina, 2008.

RAMOS, Fábio Pestana. A história trágico-marítima das crianças nas embarcações portuguesas do século XVI. In: PRIORE, Mary Del (org.). *História das crianças no Brasil.* 6 ed. São Paulo: Contexto, 2009.

RIVERA, Deodato. A mutação civilizatória. In: *Brasil criança urgente*: a lei 8069/90, o que é preciso saber sobre os novos direitos da criança e do adolescente. São Paulo: Columbus, 1990.

RIZZINI, Irene. *A criança e a lei no Brasil*: revisitando a história (1822-2000). 2 ed. Brasília: UNICEF; Rio de Janeiro: USU Ed. Universitária, 2002.

_____. Crianças e menores: do pátrio poder ao pátrio dever. Um histórico da legislação para a infância no Brasil. In: RIZZINI, Irene; PILOTTI, Francisco. *A arte de governar crianças.* A história das políticas sociais, da legislação e da assistência à infância no Brasil. 3 ed. São Paulo: Cortez, 2011.

ROSEMBERG, Fúlvia. A LBA, o Projeto Casulo e a Doutrina de Segurança Nacional. In: FREITAS, Marcos Cezar de (org.). *História social da infância no Brasil.* 8 ed. São Paulo: Cortez, 2011.

SANTOS, Benedito Rodrigues dos. *18 aos do ECA: a Inclusão de crianças e adolescentes no Estado de direitos brasileiro.* Inclusão Social, Brasília, v. 2, n. 2, p. 152-154, abr./set. 2007. Disponível em: <revista.ibict.br/inclusao/index.php/inclusao/article/viewFile/98/102> . Acesso em: 20 Out. 2013.

SANTOS, Marco Antonio Cabral dos. Criança e criminalidade no início do século. In: PRIORE, Mary Del (org.). *História das crianças no Brasil.* 6 ed. São Paulo: Contexto, 2009.

SARMENTO, Daniel. Ubiquidade constitucional: os dois lados da moeda. In: SOUZA NETO, Cláudio Pereira de; SARMENTO, Daniel (orgs.). *A constitucionalização do direito*: fundamentos teóricos e aplicações específicas. Rio de Janeiro: Lumen Juris, 2007.

SOBRINHO, Barbosa Lima. A Constituição de 1946. In: BALEEIRO, Aliomar; SOBRINHO, Barbosa Lima. A Constituição de 1946. 3 ed. Brasília: Senado Federal, 2012. In *Coleção Constituições Brasileiras.* v. 5. Brasília: Senado, 2012.

SCARANO, Julita. Criança esquecida das Minas Gerais. In: PRIORE, Mary Del (org.). *História das crianças no Brasil.* 6 ed. São Paulo: Contexto, 2009.

SCHWARTZ, Stuart B. *Segredos internos*: engenhos e escravos na sociedade colonial. São Paulo: Companhia das Letras, 1988.

SILVA, José Afonso da. *Curso de direito constitucional positivo.* 35 ed. São Paulo: Malheiros, 2012.

_____. *O constitucionalismo brasileiro*: evolução institucional. São Paulo: Malheiros, 2011.

SILVA, Virgílio Afonso da. *A constitucionalização do direito*: os direitos fundamentais nas relações entre particulares. São Paulo: Malheiros, 2011.

SOUZA, Jadir Cirqueira de. *A efetividade dos direitos da criança e do adolescente.* São Paulo: Editora Pillares, 2008.

VIDE, Sebastião Monteiro da. *Constituições Primeiras do Arcebispado da Bahia.* Brasília: Senado Federal, Conselho Editorial, 2011.

VIEIRA, Oscar Vilhena. *Supremocracia: vícios e virtudes republicanas.* VALOR ECONÔMICO. Artigo publicado em: 6 Nov. 2007.

VILLA, Marco Antonio. *A história das Constituições brasileiras.* São Paulo: Leya, 2011.

WOLKMER, Antonio Carlos. *História do Direito no Brasil.* 6 ed. Rio de Janeiro: Forense, 2012.

ÍNDICE

Agradecimentos 9

Prefácio 11

Sumário 15

Introdução 17

Capítulo 1
O Processo Histórico Brasileiro dos Direitos Infantojuvenis 21

Capítulo 2
Os Novos Direitos da Criança e do Adolescente 61

Capítulo 3
Constitucionalização e o Direito da Criança e do Adolescente 97

Conclusão 123

Referências Bibliográficas 125